Paul Cézanne

Edvard Munch

Giorgio Morandi

Egon Schiele

Edward Hopper

Kai Higashiyama

Vilhelm Hammershøi

Rene Magritte

Van Gogh

Toulouse-Lautrec

Lonely Master

寂寞 大师

世界
艺术名家
十五讲

吴涛 著

北京联合出版公司
Beijing United Publishing Co.,Ltd.

目录

当我们谈论艺术的时候我们在谈什么

　　2015 年我在逛纽约大都会博物馆时，在博物馆商店买了他们那里仅有的两本中文书，一本是大都会博物馆的指南，另一本叫《艺术是……》，它关注了一个"世纪之问"——艺术到底是什么？它用两百多件馆藏艺术品给出了两百多个关于"艺术是什么"的"答案"，但是，它也意味着"艺术是什么"这个问题并没有确定唯一的答案，艺术似乎并不容易使用理性的、学术的语言来定义。

　　这些年来，我作为一个艺术爱好者，利用自己的业余时间，做了一些艺术普及方面的事情。其实，我也经常在想，艺术吸引我们一次次走进美术馆的到底是什么？我们欣赏艺术的时候到底在欣赏什么？当我们谈论艺术的时候，我们到底在谈些什么？

　　我的解说并不学术，也不热衷于以学术的方式去研究和看待艺术，我总是觉得绘画和雕塑最本质的欣赏是观看和感受——既不是卷帙浩繁的艺术史，也并非大众喜闻乐见的八卦与故事，更不是它们在拍卖市场上的价格表现——

尽管这些要素构成了它们作为艺术品的魅力，但这并不是艺术本身的魅力。艺术的面孔就是一个视觉形象（同理，音乐是"听觉形象"），通过光线进入瞳孔作用于人的头脑，再结合每个人不同的人生阅历和人文底蕴，形成了一种极为特殊的、个性化的感受——这个感受可能是强烈的，也可能是淡淡的，可以是思索，也可以是共鸣，可能很美，也可能很丑，可能就是图解故事，也可能完全不知所云，带来的情感可以是伤感，也可以是喜悦，可以是愤怒的、激昂的，也可以是恐怖的、恶心的，还有更多的是说不清道不明的五味杂陈……这才是我们一次次走进美术馆，站在一幅画或者一个雕塑面前，观察、体味、微笑、流泪、冥思苦想、恍然大悟的真正原因。

做艺术普及，就是希望我们回到最原始、最基本的观看，回到最本质的感受，如同千千万万个最普通的观看者一样。

这里我想聊聊在艺术欣赏过程中存在的几个常见的误区。

一、艺术欣赏"知识化"

博物馆和美术馆的界限并不是很清晰，在大家的眼中都是去一个集纳了收藏品的建筑里，通过一件件实物（作品）来了解世界、了解文明，参观博物馆和美术馆的方式也完全一样，所以在很多人眼中，会将两者的定位以及功用混为一谈——学习知识。

我个人觉得，与美术馆相比，博物馆的作用更强调"知识"，当然，很多文物其实也是艺术品，比如青铜器的纹饰、瓷器的色彩、兵马俑和佛造像等同于雕塑……但总的来说，博物馆是通过实物来传播知识、讲述历史、介绍文明。

美术馆的最主要功用并不在于提供知识，尽管欣赏艺术是要有些知识基础——比如艺术史的知识、对于色彩构图造型审美演变等方面的知识、创作者的生平、绘画技法的知识、从图像学的角度去索隐和探秘……这些知识，似乎知道些会更有利于欣赏（其实也未必）。但艺术作品欣赏的，并不是这些知识，获取了这些知识也不代表就欣赏了艺术，知识并不是艺术欣赏的必要条件。

很多人觉得学到了"知识"，似乎就完成了欣赏过程，讲起某个艺术品时，能说一堆，听起来似乎很有"干货"，看起来是"得到"了。而艺术的感受似乎变得不重要了，因为感受是千差万别的，也没有标准答案，个人有感受也不好意思说，怕"不对"被人耻笑；关键在于，感受通常很复杂，很难用语言表述清楚，说不清的东西似乎看不见摸不到，无法体现为"学习"的成果——"干货"，不能体现为"得到"了。

但艺术欣赏不是背书、考试、答题，我的个人观点是，如果没有感受，一切艺术知识的"得到"都是零，没有任何意义。

除了极少数艺术专业研究者和从事艺术工作的创作者之外，绝大多数的艺术欣赏者，并不需要使用跟研究者和创作者同样的视角和方法论。"欣赏"和"研究"是两条不同的路径，艺术史学习也应主要服务于欣赏，而不是钻牛角尖的学术考据。比如执着于哪个画家属于哪个流派或者风格，其实都没有太大的意义。绝大多数画家并不是先定位自己属于哪个流派或者风格，才开始创作的；还有很多艺术家在艺术生涯中，不同的时期呈现出的风格也是迥异的。艺术史上归类的意义不过是为了研究的"方便"，切忌舍本逐末，走得太远忘记了为什么出发。

我在前文提到"似乎知道些知识会更有利于欣赏"的同时，还补了一句"其实也未必"——因为"知识"还存在一个重大的弊端，就是很容易形成"所知障"。也就是，你被你知道的"知识"和"干货"给干扰了、捆绑了，你失去了感受艺术的动力，也失去了感受艺术的"天真"，你抱着那些知识和干货以为自己拥有了"宝藏"，这让你反倒远离了艺术本身但你却浑然不觉。

"外行看热闹，内行看门道"这句话并不适用于艺术，有时候"外行"因为没有"知识"和"技法"的困扰，反倒能对艺术产生更多的感受和共鸣，而"内行"却因为习惯于关注技法和知识，失去了感受它们的能力。

一切的一切，都要回到眼前，回到艺术品原作本身，回到观看。知识是要学一些的，但是它们只是手段而不是目的，"干货"是为欣赏服务的，它们都是你的奴隶，你不能变成它们的奴隶。

二、艺术欣赏"故事化"

围绕着一件艺术品本身，经常有很多故事可讲：作品绘画主题中包含的故事（尤其是宗教、神话、历史故事）、作品本身的创作故事、画家的趣闻逸事情史八卦、作品收藏传承的多舛命运故事（比如《蒙娜丽莎》被盗、《富春山居图》被烧）……所以介绍起艺术作品来，很难避免讲故事。我也会讲，尤其是绘画主题涉及故事时，没办法不介绍一下，但坦率地说，我并不是很喜欢讲故事，一来我讲故事能力不强，二来以讲故事来替代欣赏并不符合我的价值观。现在有一种不太好的趋势是，大家用听故事来替代对于艺术本身魅力的探寻。爱听故事是人的本能，现代人生活节奏快，故事当然是个喜闻乐见的形式。用故事做艺术普及的确有效，由此激发了相当多的人对于艺术的兴趣，把大家"忽悠"进了美术馆，应该说善莫大焉。

不过，故事的作用可能主要在于提高观看者的兴趣，但故事并不是观看本身。很多人觉得听了一堆故事、学了一堆知识，但是如何欣赏艺术还是"找不到北"；或者有些人听了故事就觉得自己"得"到了，对于艺术作品本身失去了探寻的兴趣，无意之中跑偏了。

不赞同"故事化"还有个重要的原因就是，很多故事极有可能不是真的。

　　一方面，故事是过去的事，很多都是很不可靠的传闻或者传记作者的主观想象和文字润饰，距离真相可能差之千里。如果故事不真或者不太真，那我们对于艺术的解读就有可能被严重误导，我们所感知的"艺术"，极有可能是那个故事的魅力，而非艺术品本身的魅力。

　　另一方面，故事有个天生的悖论，就是它的效果经常不是取决于它的情节，而是取决于它的讲述者。我认识一位口才极好的人，我跟他在同一个现场见证同一个事件，他讲起这个事儿来就会妙趣横生，而亲见同一个事情的我，则知道真相远没有那么有趣。后来我恍然大悟，他是通过细节上的拣选、局部放大和对于情节的"添油加醋"来使得故事生动的。"添油加醋"当然会让故事变得更加生动有趣，但它越有趣，离真相就越远，我们以为自己欣赏了艺术，而实际上，我们只是欣赏了那个故事的"讲述"。至于事情的真相怎样，在热衷于讲故事和听故事的人眼中，似乎并没有那么重要，效果（甚至是"笑果"）才是最重要的。所以对于过分有趣的"故事"，我会非常警惕里面的水分，换句话说，别被他们给忽悠了。

　　在艺术普及的领域，还有一种趋势，就是过分追求"有趣"——除了我刚才说的"添油加醋"强化故事性以外，还有的是在"遣词造句"上追求有趣，或者在"语气语态"上追求有趣。新媒体和自媒体时代，有趣的东西才能博人眼球，好玩跟电影的"笑点"一样变成了刚需。于是，有些故事的讲述就开始没有节制地追求有趣，哪怕是非常感人的作品和作者，有人也会用"有趣"的方式来讲述和解读。

　　我听过一位教授做的普及讲座，老先生曾做过艺术史讲座，自然能深入浅出、活泼生动。但是那天讲到徐渭的《墨葡萄图》时，他说：有人问他，为什么葡萄都画成了一个个黑点？他回答说，因为画的是"葡萄干儿"。当时的会场是哄堂大笑。"葡萄干儿"的说法确实有趣，"笑果"显著。但是作为徐渭作品的爱好者，我感觉"葡萄干儿"的说法太过戏

■《墨葡萄图》，徐渭

谯了。《墨葡萄图》是一幅表现绝望的画，而"葡萄干儿"是个美味吃食，《墨葡萄图》激发的是人心深处的"无力"和"无奈"，而哄堂大笑的"效果"则抹杀了那种深刻的感动。该活泼时要活泼，不该活泼时绝不能活泼，追求"有趣"也要有分寸。那天那个哄堂大笑让我觉得非常难过，这样的"有趣"是对艺术的误导，甚至是"亵渎"。

三、艺术欣赏"高雅化"

做"艺术世界漫游指南"的孤山老师，有一篇文章叫作《音乐只是个普通爱好》，从艺术的价值观来说，文内的一些观点我个人非常赞同。

在一些人眼中，文博、艺术都是很"高级"的东西，博物馆、美术馆和剧场、音乐厅都是殿堂，对于艺术的爱好是文明的、风雅的、高贵的，而"潜台词"则是"高人一等"的。这其实是一种文化人的傲慢，本质上还是一种"阶层"意识，我怀疑他们爱的不是艺术，爱的是艺术带给他们的"高贵感"。

很多人因此对艺术有过于仰望、过于敬畏、过于谦卑的态度，欣赏艺术时把自己身段极度渺小化，对于艺术品不敢轻易发表感受，怕说"错"、怕"露怯"、怕显得"外行"、怕被人耻笑……热衷于"权威们"的见解，热衷于"镇馆之宝"和各种花样的"排行榜"，对名家名作不敢说不，生怕是因为"自己的艺术修养不够"而没资格欣赏。失去了应有的"平常心"，那种过于谦卑的热爱、永远仰望的目光，可能恰恰会让你无法用适当的角度真正感受到某些艺术品的魅力。

我在东京国立博物馆看过一个杜尚的特展，一个看展的日本大哥对着展柜里的现成品《泉》（就是那个著名的小便斗）绕来绕去，拍来拍去。《泉》当然有它的"艺术价值"，它的价值就是通过"签名"、改变放置方向和放进美术馆，把小便斗从现成品给演变成了"艺术品"，它的出现主要是为了讽刺艺术界，同时也开拓了艺术的观念。对于这件"作品"，观察的意义没多大，跟男厕里的小便斗别无二致，即使是签名和摆放角度，看一两眼足矣，更大的欣赏是观念——达达主义的反传统、反理性、反审美、反道德的艺术观，《泉》的意义在于思考而非物体本身。但是，《泉》太有名了！那位大哥对于"艺术"太过"谦卑"，用欣赏古典艺术大师的方式去看"现成品"艺术，显然是一种误读。

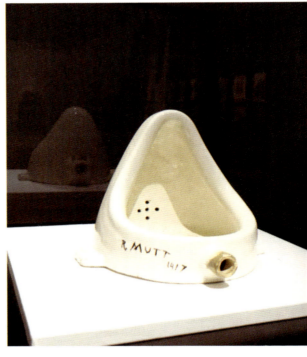

■《泉》，杜尚

对于艺术和文博的热爱是挺好的一件事，通过艺术和文物感知人类的过往、了解不同文化的精神世界，视野有可能更开阔，感受力也会更强，对于多元文化的丰富有更多的认知……但这也没什么了不起的，艺术并非人类的必需品，艺术的感受力也不是基本生存技能，艺术之于人生是锦上添花，但没有添加的花朵，也并不一定就不美丽、不精彩。

作为一个普及艺术的人来说，我当然希望更多的朋友接触艺术、感受艺术，但我不希望是用一种自以为是的方式，把艺术爱好者与非爱好者区分开来。艺术是日常的、平等的，不是高高在上的、拒人千里的。

四、感受力

在艺术欣赏上，感受力是第一位的，而感受力的教育目前还是一片荒漠。

感受力的教育并不是把自己的感受强加于人，而是帮助别人去克服一切束缚，学会用自己的眼睛、自己的头脑和自己的心灵去跟艺术对话，建立每个人自己的审美观。

我的感受你未必有，你的感受也未必能引起我的共鸣，同一件艺术作品，激发出的感受是各式各样的，甚至有可能是相反的——因为感受的主体，也就是每个人是不同的。这些不同的感受消解掉了艺术阐述的唯一性，甚至是作者都没办法成为解释自己作品的最高权威，这就是艺术最大的魅力。我们每个人在欣赏的过程中，参与了艺术，成为艺术魅力的一个组成部分，而且是不可或缺的一部分。

你不可能对所有的艺术品有感，你也没必要对所有的艺术品有感，如果你对很多艺术"无感"也完全不必沮丧，你只需要对你"有感"的艺术有感——在千千万万个艺术作品中，找到那个最合你胃口、最让你产生共鸣、最能激发你丰富感受和思考的一个或者几个，就如同在人海之中终于找到了灵魂伴侣。而那些不太有感的其他艺术呢，可以用来丰富你的审美、拓宽你的眼界，让你知道这个世界有很多种可能……这样的欣赏，其实也就够了。

所以说，欣赏艺术也是一种自我认知的深化，在感受艺术的过程中，了解自己、发现自己、认识自己。

艺术不是学者的、不是史家的、不是贵族的、不是创作者的，不是那些"懂"艺术的人的专利。艺术的欣赏是平等的，是反权威的。艺术不是用来"懂"的，是用来"感"的，艺术属于每一个看到它、感受到它的人，只要你有一颗丰富、豁朗、敏感的心。

Paul Cézanne

塞尚

"不务正业"的富二代

Paul Cézanne

　　谈起现代艺术，一般人都会觉得应该肇始于"印象派"，因为印象派把学院体系几百年来努力建构的技法、审美、价值观、视觉系统整个儿颠覆了，他们画成"乱糟糟"的样子，但站远了看却极美；他们画室外光，用科学的理论来分析光与色彩的关系，发现"光源色"和"环境色"，否定"固有色"；他们用相机取景框式的构图，甚至刻意追求"未完成"感，让绘画更加灵动、鲜活；他们画普通人、身边事，去掉了主题和意义，让绘画变得更日常而不是更庄严……他们"破"得很彻底，但人们似乎又很快陷入"审美疲劳"，印象派是艺术的革命者，但革命就会有道路问题——接下来的艺术之路，要走向何方？

　　"印象派"存在着某种意义上的天然不足，贡布里希在《艺术的故事》中说："印象主义的画光辉夺目，但是凌乱不整。"为了解决画面的秩序问题，像雷诺阿这样的印象派画家，甚至在晚期创作回归了古典主义。印象派的豪杰们砸碎了"旧世界"，但开启 "新世界"，则是由"后印象派"的三位画家——高更、梵高（或称凡·高）、塞尚完成的。

　　高更引领了原始主义，梵高带来了表现主义，塞尚则被誉为"现代艺术之父"，他的绘画理论直接影响了立体主义的诞生，之后陆续诞生了达达主义、超现实主义、新造型主义、至上主义、包豪斯、抽象表现主义、波普艺术……而"野兽派"，几乎是吸收了三位画家的全部营养，现当代艺术诸流派，追根溯源大都免不了受到后印象派三杰的启发，尤

■《大浴女》，1906 年

其是塞尚的影子更是"随处可见"。然而，这些"百花齐放"的艺术流派，也许并非塞尚的"理想"，也不是他所能预料到的。他只是一个人在法国南部的埃克斯小镇，大多数时间自我隔绝于艺术之都巴黎喧嚣之外，像个隐士，做艺术实验一样慢慢摸索、反复实践。

因此，评价一个画家的历史地位，一方面是看他有没有独特的艺术风格，并且这个风格是不是有很深厚的、逻辑自洽的艺术观；另一方面，就是看他对整个艺术界、对观者的欣赏视野，甚至对整个视觉体系，是否产生了影响，以及产生了什么程度的影响。

比较有意思的一点是：后印象派三杰的艺术成就，都不是在巴黎创造的，塞尚是在故乡埃克斯，梵高是在普罗旺斯的阿尔勒、圣雷米精神病院以及巴黎附近的奥维尔小镇，高更则是在遥远太平洋上的塔希提岛。由此可见艺术的创新，并不一定是在所谓的艺术之都，很多所谓"业内人士"的评头品足和胡乱参谋，有可能成为影响创造的负能量。

就我个人而言，如果不考虑绘画的题材内容，仅从"艺术"的角度来看，塞尚也是我最喜欢的画家。我个人对塞尚的喜爱是"突然发生"的——很早之前，在美术课本中看到塞尚画的苹果时，理解不了它究竟好在哪里，甚至到了巴黎奥赛美术馆，看了塞尚一些原作后，仍然未被其打动。后来，也许是因为美术馆逛得多了，大师原作看得多了，有一阵突然就觉得塞尚的画特别顺眼，灰调子的色彩舒服、块面感的笔触也舒服，画面宁静稳定，但又不像学院派，八股、刻板甚至无聊。我其实一直苦于无法准确表达塞尚画作给我的奇妙感受，艺术史的书和文章也看过一些，虽然从学术和技术的角度能了解他的创作，但总是觉得，看画的感觉并不完全基于一种理性的思考和分析。所以，讲述、讲解塞尚对我来说，始终是个很难的挑战。

如果可以不负责任地评价，我觉得他像是站在了艺术之巅。他的艺术属于那种"刚刚好"的——他之前的人，尤其是学院体系，技法上已臻化境，但在"艺术"上总觉得不够、有所欠缺；他之后的人，则又"过犹不及"，不少流派过于形式、过于标新立异，走得远了忘记了为什么出发。《现代艺术150年》对塞尚的评价是"半保守半革命"，这个评价还是非常精准的。我认为他对传统艺术做出了最好的"继承"，但也做出了最好的"背叛"，妙在继承与背叛的分寸都是恰到好处。用"古典布鲁斯"来形容他的画比较合适——既传统又现代——好像是古典音乐，有严谨的结构和均衡的美感；也好像是现代的布鲁斯或者爵士乐，有人的性情、心的律动，以及随性的自由。

■《自画像》，1888 年

如果说古典绘画追求的是"实"，那么印象派追求的则是"虚"。塞尚则很好地实现了虚实结合，平衡了真实再现与艺术表现之间的关系，他的画也是感性与理性的平衡，既注重视觉的感受，也讲究逻辑思维的理性分析。他说："在一幅画中，最重要的就是两样东西——视觉和大脑。"正因为如此，我才说塞尚的画"刚刚好"。

说到"自由"，其实塞尚拥有很多绘画界同行羡慕的自由——财务自由，尤其是父亲去世他继承了大笔遗产。他是个"不务正业"的"富二代"，也正因为财务自由，他也拥有了更为独立的创作自由。因为并

不需要靠画画养家糊口，所以他完全不需要满足任何画商的喜好，不需要顾及绘画市场的潮流风向，不需要在乎艺术评论家的指指点点，他唯一在乎的是自己能不能画出自己想要的那种画，以及自己的画能不能被人理解。

保罗·塞尚（Paul Cézanne）1839 年 1 月生于法国南部普罗旺斯的埃克斯小镇（邻近马赛）。虽然被英国评论家罗杰·弗莱归为"后印象派"画家，但实际上他们根本就是同一代人，甚至，塞尚比印象派领军人物莫奈还大 1 岁。他比高更大 9 岁，比梵高大 14 岁。（在法国，他们都是印象派画家，并不存在"后印象派"的说法。）

塞尚出生时，父亲是做帽子生意的，但他很具商业天分，没过多久就买下了当地的一家快要倒闭的银行，并且很快盈利，成为一名成功的银行家。爸爸自然希望儿子也能从商，继承自己辛苦得来的事业。所以，尽管塞尚一直喜欢画画，但他还是遵照父亲的意志，考取了当地的法学院。

■ 塞尚为自家别墅创作的《四季》组画之《春》，署名"安格尔"，1860 年然而，他对绘画的爱好还是无法停下来，中学时的好友爱弥尔·左拉转去巴黎生活，写信告诉他，想学绘画只有来巴黎学习，创作才有前途。22岁时，他苦苦哀求父亲同意他去巴黎学习，母亲见他很有决心也帮他说话，最终父亲同意了，估计也是觉得他一定会失败，不妨让他去碰碰壁，失败了也就踏实经商。其实，我想大家看了塞尚为自家别墅画的组画《四季》（署名"安格尔"）之后，可能也会像他爸爸一样，觉得这孩子实在没什么天分，属于"祖师爷不赏饭吃"的那一类人。所以，父亲能同意他学习绘画，可以说是对他很不错了。

父亲陪他来到巴黎，还租了一间画室，在巴黎的瑞士学院学习。他在这里结识了莫奈、毕沙罗等"未来"的印象派画家，更重要的是他可以流连于卢浮宫这个比一切美术学院都更有价值的大学校，达·芬奇、卡拉瓦乔、伦勃朗、鲁本斯等大师的皇皇巨作，让塞尚陷入了非常深的自卑中，再加上也确实没有考上巴黎高等美术学院，他觉得自己根本不是学画的料，于是回到埃克斯跟随父亲经商。

但他很快"食言"了，因为他无法压抑内心对画画的渴望，即使自卑也还是要画。他又来到巴黎，继续准备巴黎高等美术学院的考试。

此后，他的艺术生涯基本上就是巴黎和普罗旺斯两点一线，巴黎是他与艺术界保留千丝万缕联系的纽带，故乡则是孕育他独特艺术风格的深根沃土。塞尚对巴黎的态度应该是又爱又恨，爱的是那里是艺术的天下，有最好的博物馆、美术馆、沙龙和美术学院，还有无数个画家伙伴在这里打拼，他在这里似乎有最多的"知音"；恨的是这里不是他的天下，他在巴黎毫无成就感，没有人接受他的艺术，这样说来，他在这里又有着最少的"知音"。所以，他很久不来巴黎也会想念，但来了，又总是会很快逃回故乡。

塞尚早期的作品偏重学习和模仿大师风格，学习马奈、库尔贝和德

■《谋杀》，1867—1870 年

拉克洛瓦等前辈，但是也有他自己的特点。总的来说，那种黑乎乎的画面（用色偏暗，但注重明暗对比），有明显的轮廓线，人物扭曲，笔触厚重粗犷，视觉上并不讨喜，但富于表现力。这一阶段比较有代表性的作品包括《谋杀》《现代奥林匹亚》《弹钢琴的少女》《父亲肖像》等，能在他的画中感受到比较激烈的情感。虽然后来风格成熟后画风变化较大，但我们还是能在这个时期的作品中找到他在人物造型、画面构图等方面的影子。

印象派画家毕沙罗是个特别和善、仁爱的老大哥，受他关照的年轻画家非常多，高更、梵高和塞尚，都是他帮助过的年轻画家。在毕沙罗的引导下，塞尚开始走向室外，尝试采用印象派的外光画法。这一时期，

■《一篮苹果》，1893 年

他创作了有印象派风格的《自缢者之家》，但是相比其他印象派画家，塞尚显然更注重形体和秩序，努力揭示体积与空间的关系，追求"内在真实"，从而让被画物体有一种永恒性。在接下来的探索中，他把室外光、鲜明的色彩与自己一贯重视的构图、造型融合在一起，逐渐形成了自己的风格。

1874 年，在毕沙罗的鼓励下，塞尚参加了首届印象派画展，展出了《现代奥林匹亚》和《自缢者之家》，"收获"了很多评论家的嘲讽和讥笑，实际上《自缢者之家》是整个展览为数不多的几幅当场卖掉的作品之一，而且 37 年后，这幅画入藏卢浮宫。1877 年，他又参加了第三届印象派画展，仍然没有得到认可，后来他就不再参加。

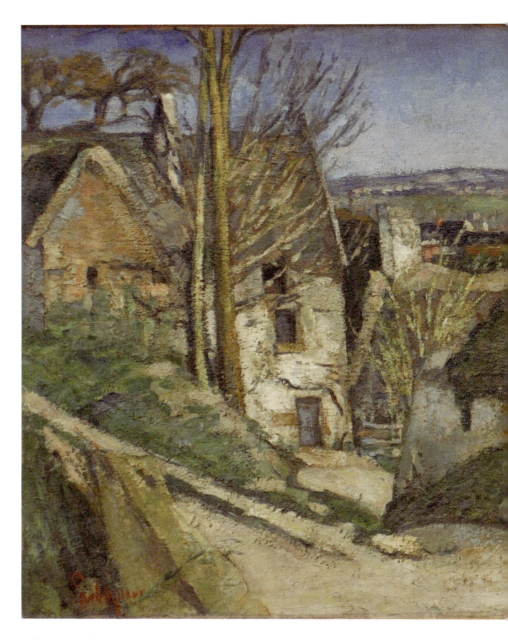

■《自缢者之家》，1873 年

他还早早地认识了加歇医生和画商唐吉老爹，这两位后来都曾被梵高画成了"著名"的肖像作品。他也被加歇医生治疗过，看来他可能也曾因压力过大产生过精神方面的问题。

虽说有个有钱的老爸，但是由于一直没有产出，伸手要钱的滋味并不好受。所以，他的"财务自由"其实也没有别人想象的那么自由。相信在很多熟悉他的乡亲长辈眼中，他跟"二流子"差不了太多。在巴黎期间，他遇见一个年轻的女模特玛丽·奥尔唐丝·富盖，并与她同居、生子。但为了避免父亲知道后断了他的生活费，他隐瞒了长达17年之久——一方面是尽量保密，另一方面是打死也不承认。现代的女权主义者可能会很反感他这样的行为。

两个人并不是有多深的感情，奥尔唐丝·富盖也并不漂亮，但有可能她是最有耐心让她画的一个模特，他为她画了大量的肖像就是明证。即便如此，塞尚还是嫌弃她不能像苹果一样保持完全的静止。

这个漫长的、不尴不尬的艺术生涯持续了20多年。1886年，他终于跟奥尔唐丝结婚。同一年，他也与一直支持他的发小左拉决裂。

■《打牌的人》，1892—1895 年

他最初能来到巴黎，很大原因是源于左拉的鼓励。左拉没上过大学，但因为很有文学天分，早已成为知名作家。左拉通过购买塞尚画作的方式，资助了他的生活。但是，从艺术的角度来看，他并不喜欢他的画，他更喜欢学院派的古典艺术。

1886年，左拉写了一本小说《杰作》，故事的主人公是个失败的画家，并且这个画家的结局是自杀。人物的细节刻画和人生经历有不少塞尚的影子——这其实是很难免的，因为文学来源于生活，而左拉生活中最熟悉的画家，特别是最熟悉的失败画家，非塞尚莫属，媒体对他俩的关系也都很了解。这引起了塞尚的强烈不满，他将其认为是左拉对他的影射和蔑视，是对他们友情的背叛，让他陷入极度尴尬，而左拉觉得这就是创作，没必要对号入座，大惊小怪。此后，两人至死都不再往来。艺术圈内的画家认为，这部作品除了影射塞尚，也影射了作为"印象派之父"的马奈，贬低了整个画家群体，一度跟左拉关系不错的莫奈和毕沙罗等，也都相继疏远了左拉。

电影《我与塞尚》拍了他俩的故事，这是个令人扼腕叹息的悲剧。不善社交的塞尚，本来就没几个亲密朋友，友情的幻灭，让他陷入了前所未有的孤单。1902年，左拉因为煤气中毒而去世的消息传到埃克斯，塞尚听闻号啕大哭。也是这一年，塞尚的父亲去世，给他留下了大笔遗产，他终于不用再"伸手"要钱了，钱已经全在他的手上了。网上有一篇介绍塞尚的文章标题叫《富二代：拒绝啃老……》，其实这是个不折不扣的标题党，因为塞尚不是"拒绝啃老"，相反，他基本上是"一直啃老"。

在艺术史上，很多画家都会跟梵高"比惨"，也有人认为，塞尚的境遇可能比梵高还要差，梵高在艺术界是"无人知晓"，而塞尚则是有人知晓但都知道他是个失败的画家，这种感觉可能比没人知道还要丧。

生活无忧之后，他的绘画变得更加"自我"，也走向了他的成熟期。因为有钱，所以任性。塞尚画画并不需要换钱来养家，纯粹是自己愿意干，

■《从埃斯塔克看马赛湾》，
1886 年

■《埃斯塔克的房子》，布拉克，1908 年

所以他不急于成名，也不急于市场上的成功，他不受制于画商和赞助者的指指点点，因此才有创作上的大自由。当然，这也是因为他的自卑和脆弱，受不了巴黎艺术评论家的指指点点，不善社交、不会表达，没办法把自己的画推销出去——有时候你不得不承认，口才和自我营销能力对于一个艺术家的重要性。

　　我们再回到塞尚的作品中。前面我们是用较为宏观的视角来看待塞尚在艺术史上的地位，那么具体到作品呢？如何看出他的"好"来？

　　英国画家大卫·霍克尼曾说："塞尚是第一个用两只眼睛作画的画家。"2019 年，北京木木美术馆举办了大卫·霍克尼《大水花》特展，展览中，我们看到了霍克尼有很多对于"散点透视"作探索的画作或者摄影拼贴。他关于移动焦点的研究，有一部分来自中国长卷画，另外不可否认的就是对塞尚作品的研究。

　　所谓的散点透视，简而言之就是绘画中不止有一个焦点，文艺复兴之后的"透视法"都是用一个焦点来看物体，相当于后来的相机，观看的只有一只眼——镜头。焦点透视法是几百年来的视觉传统，它已经演变成了一种习惯。实际上，相机发明以后，照片也与焦点透视法完全一致（从这个角度来看，古代大师大多使用光学设备辅助绘画的猜想也是很合逻辑的）。而散点透视则不会把视角固定住，相当于两只眼睛来立体地观察，并且还可以上下左右前后地审视，画家将自己对被画物体的综合观感，表现在画面上。塞尚重新审视了透视法，不再基于线条式的测算，而是基于画家的直觉感知。

　　以《一篮苹果》为例，画面中的桌面是向前倾斜的，因为画家是俯视的视角，但画中还能找到平视、斜视等多个不同的视角，他把这些视角画在了同一张画中，就画出了一张"观察"、一张"分析"。作为观看者，我们自然也会跟随塞尚的眼睛，在桌面上游走移动。这样绘画，就有了非常特别的生动感。按照桌面的斜度，苹果搞不好要滚下来了，显然，这并不是一种客观真实，而是一种主观的、视觉的真实。机器的"视觉"是摄影，人类的"视觉"是观看，塞尚破掉了传统绘画一个视觉机械化的窠臼。

　　还有一个很有意思的特点。我们发现，塞尚几乎能把一切都画成静物，肖像成了静物，比如他的夫人；风景也成了静物，比如圣维克多山；更不用提他本来就画了很多"静物本物"，比如著名的苹果系列。这些人、景、物他反复地画，既是一种训练，也是一种非常深入的观察、审视和领悟，因此这些常画的题材本质上都是他不懈探索的"习作"。我们生活中很少会盯着一个人、景、物看很久很久，而且是看了又看，更何况他还要在画布上表现出来。他喜欢一动不动的模特，即使是向他购买画作的赞助人，坐不踏实也会引起他的不满。他画了很多妻子的肖像，看过你就知道，他从没有把她画得很美，而是把她画成了雕塑一般——她大概是他最有耐心的模特了。他画的《打牌的人》《浴者》都有一种凝固了的静谧。静物化的处理，让物象拥有了永恒之感。这也是塞尚的画非常耐看的一个重要原因。

塞尚另外一个重大的贡献是：他把物体提纯、简化，抽取出了几何状的基本形。他说："要用圆柱体、圆锥体和球体来表现自然。"为什么是"几何"形状呢？我们可以回顾一下自己如何用语言"描述"一个物体，会说它是长的、短的、高的、矮的、方的、圆的、三角形的……由此可见，我们也是用一些几何形体的方式去描述，原因很简单，因为这是最能还原一个物象的基本要素，是物体形状的本质。塞尚的"几何"画法，可以视为他用画笔来"描述"物体，提取出了一个物体的基本型，然后呈现在画布上，这与照猫画虎式的精准描绘相比，有高度的概括性，也有一种艺术上的趣味。

我去日本旅游时，在山梨县的河口湖看富士山，我就想，人们为什么那么喜欢富士山呢？其实很简单，因为他是自然界难得的体量巨大的"几何体"，十分接近理想化的锥形或者梯形。而且我还发现，大家看富士山有几个特定的角度，很少去侧面，因为侧面就不够对称和规整，就不那么像几何体了，也就不够美了。几何体即是物体的基本型，本身具有一种简洁的美感。这里只是用富士山来打个比方，由此可见，塞尚在绘画中把物体"几何化"既是一个发现，也是一种创造。

散点透视的多角度观察加上"几何化"提纯物体形状，这两种思想直接催生出"立体主义"的艺术。立体主义的开创者之一布拉克创作的《埃斯塔克的房子》（此画有多幅，附图为伯尔尼美术馆收藏的版本）就是用了塞尚的思想创作的，也被认为是立体主义的开山之作。不知道是巧合还是布拉克故意来到这里创作，埃斯塔克也是塞尚曾经长居的一个地方，离埃克斯很近，塞尚画过那里的海湾，当然画面中也有不少"埃斯塔克的房子"。

这都是从艺术史的角度看待塞尚的"创新"与贡献，以及他的那些创作思想给后人的启迪。如果纯凭感觉来讲，其实就是一个词——舒服。

这种舒服首先是"均衡感"。

他的构图总体上偏古典、均衡、平稳，并不像大多数印象派画家那样标新立异，这也使得他的画看起来符合人的基本视觉习惯和审美观。在造型方面，塞尚对"形体"的重视，是尊重观看者的视觉习惯。我们都知道，人们看一个物体时，最先看到的就是形、色彩、线条、明暗等等。印象派最后没能持久地发展下去，很大原因跟"偏科"有关，他们在造型方面是欠缺的。比如莫奈的一些画，光影和色彩都精妙绝伦，但是如果站的位置不合适，恐怕你很难第一时间知道他画的是什么。所以，虽说塞尚的美称是"现代艺术之父"，其实也有人说他是"古典大师"。

这种舒服也来自"新鲜感"。

在总体均衡平稳的构图里，他悄悄放进了很多自己的"放肆"——比如略略倾斜的水平线和垂直线，给视觉注入了小小的刺激，再比如将"散点透视"的观察不显山不露水地放在一个画面中；他的用色沿袭了印象派的丰富性以及室外光下的鲜艳，但他的色彩有自己独特的气质，尤其是灰色调的使用——灰的绿、灰的蓝，甚至一眼就能通过色彩识别出塞尚，这就让他的画的颜色很时尚但不失雅致。这些都让观者感到些许的新鲜，有时候又讲不出来这种新鲜到底体现在哪里，这就形成了一种独特的审美趣味。

这种舒服还来自"简洁感"。

我们都知道，塞尚用了简化和提纯的方法，大到被画物体的整体、小到物体的局部，乃至笔触，都逐渐地"几何图形"化，这就让画面减掉了很多内容的细节，而又增加了很多艺术表现的细节，具体信息少了，但可以品味的元素却更多了。画面"抽象化"，但并不是后来那种纯粹的抽象，仍然还是具象绘画，保留了观者能看出这是"画了啥"的基本视觉诉求，从而不会给人一种欣赏上的压迫感，不会让艺术界之外的人觉得匪夷所思，卸掉了很大一部分审美上"看不懂"的负担。当然，在他晚期创作中，他甚至有把笔触也"几何"化的趋势，如果再多活几年，他直接搞出抽象艺术也不是没有可能。

令人感到舒服的还有"整体感"。

这种"整体感"主要表现为节奏和秩序。他成熟期的作品中，每一笔都能引出下一笔，笔触之间都是呼应和关联的，有点像我们中国画所说的"笔断意不断"，或者说笔法中的"气"。他的笔触是规整的、干净的、克制的，甚至每一笔涂抹的面积似乎都差不多，我们看不到梵高笔触中的力度和速度，也看不到印象派画家笔触的凌乱、任性和不节制，我们看到的就是稳定的韵律和严整的秩序。

他的色彩也是"整体"的，每一块色彩都注意与它相邻色彩的协调，而整个画面中的色彩也有一种统合在一起的感觉，他并不追求画原物的"原色"，他追求的是画面所有元素色彩的浑然一体。他有自己一套多年探索和实践后的色彩体系，他的灰绿与灰蓝色，以及与橙、黄、红等色彩的搭配非常令人赏心悦目。

■《有大松树的圣维克多山》，1882 年

有人说相比印象派科学地研究光与色，"后印象派"更多地表达内心，所以这也是后印象派明显更加动人的原因。三个人在画中表达的内心也各不相同：梵高在画中呈现的内心是"情感"，直白、坦荡、强烈；高更呈现的内心是"领悟"，淡泊、幽玄、哲思；塞尚呈现的内心是"理智"，高冷、清静、恒常。

其实更准确的表述应该是，他们都更注重人观看的主观性。同一片风景、同一个物体，不同的人观看的感受不一样，所以在绘画上呈现附加了感受的画也应该是不一样的，如果只是原样复制，那么绘画本身就没有太大的意义了。

塞尚对后世画家的影响不全都是艺术方面，还有精神层面。野兽派画家马蒂斯就说过："多么希望你们能够理解，塞尚树立的标杆在一生中给予我多少摆脱世俗羁绊的勇气。当我感到疑惑和迷茫的时候，有时甚至因为恐惧而却步的时候，我就会想，如果塞尚最终能够证明他自己，我一定也可以。"

虽然后世对他在艺术史上的定位是一种他人无法企及的高度，但是塞尚在世时，否定他的声音要大过认可。晚年时，他的画作逐渐被认可，但是欣赏他的也不是圈子里的"老人儿"，而是更年轻的一代。他画过很多很多的圣维克多山，现在收藏在伦敦考陶尔德艺术学院美术馆的《有大松树的圣维克多山》，应该是最受欢迎的一幅。这幅画最初在埃克斯展览时，只有他好朋友的儿子约阿希姆·加斯奎特表示很喜欢，他是一个年轻的诗人和作家，塞尚一高兴，签上大名就把这幅画送给了加斯奎特，这充分说明能有人喜欢和认可，对塞尚来说可能比画作（即使是一幅佳作）本身还珍贵。

塞尚对自己在艺术方向上的探索其实是不太满意的，或者说他还有更高的目标和理想。他去世前一个月写给儿子的信里说："我觉得自己永远无法完美地表现出大自然在我眼前呈现的一切美好，我并不拥有赋予自然卓越而丰富色彩的能力。"

塞尚人生的后半段，都是一个人在老家埃克斯生活，夫人和孩子都在巴黎生活。他每天除了画画还是画画，生活简单、心无旁骛，每天都画那几样东西，在小镇居民眼中，他大概被看作是个行为怪异的老头。

1906 年 10 月 15 日（67 岁），他在野外写生时碰上暴雨，受凉昏倒在回家的路上，一个马车夫看到了他，把他送回了家。第二天，他高烧还没退，居然背上画架又出门去要完成前一天没有画完的画，最终感染了肺炎，于一周后去世。

塞尚说过："我发誓自己要死在画布前。"这可能既来自塞尚的热爱，也是他逃避现世、逃避与人交往的手段。然而，他真的是死在了画布前，孤独地死在了他追求艺术缪斯的征途之上，甚至在死的时候，他都不知道他的探索有多大意义，他更不能预知他对整个绘画艺术所产生的深远影响。塞尚以这样的方式告别世界，我们既感到慨叹和遗憾，但也会觉得这可视为"求仁得仁"。所以，他应该是幸福的！

Edvard Munch

蒙克

在"呐喊"中自我疗愈的画家

Edvard Munch

　　一幅画的最高成就是什么？拍卖出史上最高价？成为游客必打卡的卢浮宫镇馆之宝？历经被无视、被盗、被破坏、被撤展等各种遭遇，成为有故事的画？当然，这些确实都是评价一幅画成功与否的标志，但在互联网时代，名画还可以有一种很特殊的成就，那就是被做成输入法里的表情符，这是一个随时调用，出现在社交媒体、聊天记录中的"名画"，也就意味这是一个应用范围"无远弗届"的名作。当然，到目前为止能做到这一点的，也只有一幅画——蒙克的《呐喊》（也译作《尖叫》）。

　　《呐喊》并不好看，甚至可以说非常丑陋，但它之所以被做成表情符，一方面是它的主题相符，这幅画的核心本来就是一个表情，自然适合改成表情符；另一方面是它的形象足够简单，将其简化后还能识别并且保持原画的主题；最重要的是它具有代表性，它充分展现了人在遭遇极端事情或者情绪低谷时，内心世界最恰如其分的外化——在表达惊悚、恐惧、崩溃等情绪的时候，你很难想到比这个更恰当的表情。

　　这幅画家喻户晓，但如果不是艺术爱好者，大概不一定知道画家蒙克是谁。看过此画的人基本上都会过目不忘，而且也没人看不懂，根本用不着讲解。它太形象、太"真实"、太准确——说它"形象""真实""准确"，不是说画得跟"真的"似的，而是它画出了很多人内心的真实世界和真实情绪，这种准确不是视觉上的准确，而是一种心灵上的准确。这幅画把人物抽象化，就不会指向具体的人，从而它表达的心情更加广

■《呐喊》，1895 年粉彩画版，私人收藏

■《拿香烟的自画像》，1895 年

谱化，让每个观看者都有了代入感。

这幅画总共有四个版本（不包括版画），分别是：1893 年画的油画版（第一版，收藏于挪威国家博物馆）；1893 年画的蜡笔画（第二版，收藏于奥斯陆蒙克博物馆，画第一版的同时画了这版蜡笔画）；1895 年画的粉彩画（第三版，私人收藏，2012 年曾经在拍卖市场上创下了当时单件艺术品的最高纪录，含佣金 1.199 亿美元）；1910 年画的蛋彩画版（第四版，收藏于奥斯陆蒙克博物馆）。另外，在 1895 年，蒙克还以最初的版本为基础制作了黑白石版画。

总的来说，第一版最珍贵，尺幅最大，但颜色稍暗，显得有点旧；第二版完成度不高，有学者认为这应该是画在第一版之前的"底稿"，但由于约定俗成的原因，还是将其称为第二版；第三版颜色最鲜艳，且配有最初的原配画框，背景中有个人俯身向栏杆外张望，还有一处关键点——画背后有一段蒙克本人写的诗句，是对画面的诠释；第四版最"年轻"，由于使用的颜料不同，因此颜色比较鲜亮，线条比起最初来更为弯曲更具流动感，身体扭动得更明显，画面更为扁平化，更具"表现性"，人脸使用了绿色，眼睛则直接画成了空洞，看起来像是骷髅一般，因此这幅画也被认为是最恐怖的一幅。

从画多个版本的《呐喊》能看出蒙克有个"习惯"，就是同一幅画他可能会反复地画——大体相同、局部差异，他喜欢把一个思路进行多个角度的尝试，因此也就会有多个版本。虽说古代大师也常有一画多幅的现象，但大多是为了多卖钱而"自我复制"，蒙克的"多幅"则有很强的"试验性"。但是，这对讲解他的作品带来了很大的麻烦，除非是研究蒙克的资深专家，否则，同一幅画有时还真的很难判断哪个在先、哪个在后、哪个是第一幅。

说来也有意思，这幅画也具有"被盗过"的传奇故事，而且还丢过"两次"，两次都失而复得，在这一点上，它同样具有"成功"的潜质。

■ 1893 年第二版及 1910 年第四版，均收藏于蒙克博物馆

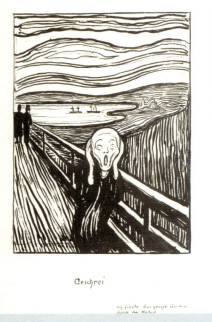

■ 1893 年第一版以及 1895 年黑白石版画，均收藏于挪威国家博物馆

我们说的被盗两次，其实不是同一幅画被盗两次，而是不同版本各被盗一次：第一次是挪威国家博物馆收藏的第一版于 1994 年 2 月 17 日被盗，比较羞耻的是，那一天还是挪威利勒哈默尔冬奥会开幕式。幸运的是，盗窃案三个月后告破，《呐喊》第一版失而复得；第二次，则是蒙克博物馆收藏的第四版，在 2004 年 8 月，也就是第一版被盗十年之后，两个人蒙着滑雪面罩直接进到博物馆里持枪抢走了这幅画，同时被抢走的还有另一幅杰作《马利亚》，案子到第二年 5 月才破，抢劫犯抓到了甚至都判了刑，但画并没有找到，直到抢劫案发生整整两年后，这幅画才被找到且受损严重，不过最后还是被专家很好地修复了。

2009 年，他的一幅版画《历史学家》也从奥斯陆的一家博物馆被盗，该画作于 2016 年被追回。比较有趣的是，蒙克的画作格外受窃贼喜欢，但又总能幸免于难，也许是挪威的博物馆安保太过"佛系"了。

虽然说每个版本在细节上各有特色，但总的来说，天空都是以红色为主色，水面都是以蓝色为主色，水的中央还有两艘小船，栏杆远处是两个人影，无法分辨是正面还是背面，主人公身子扭成"S"形，双手捂住脸颊，嘴张得大大的，似乎发出了尖叫声——这是一幅能听到声音的画。

画面最具特色的是笔触：整个画面充满了长长的连续曲线，这些曲线像是物理中流体力学里的波形线条——像波浪、像漩涡、像环流，当然也像音波。"呐喊声"的视觉化也是波形的，长长的线条意味着声音的连绵不断，弯曲回旋的笔触则如同声音的回响。

画面的左下部主要是直线，直线是一种比较理性的感觉，远处的两个人也基本上是直线，而主人公是从理性直线部分"长"出的曲线，曲线是一种感性的线条，它波动着，直到头的部分从栏杆的直线探了出去——给观者一种"理性"无法困住"感性"的感觉——充分表明了这种无法控制的情绪。

曲线从人的身体到变形的脸部轮廓，以及到捂住脸的手部形体，再延伸到水面的波纹，向上又蜿蜒到了天空，这种波形曲线非常容易让人产生"感受"，在梵高的很多作品中，包括知名的《星夜》《麦田里的丝柏树》等等，都使用了这种波形笔触，也是一样的触动人心。不同之处在于，梵高的笔触短、节奏感更强、更富质感而且色彩饱和度更高，蒙克的笔触长且连续，主题更为直接。

色彩上，《呐喊》也是很具特色的。根据记载，1883年印度尼西亚喀拉喀托火山喷发，那是人类历史上记录的最大一次火山喷发，喷出了总计达21立方千米的火山灰，火山灰绕着地球飘了很远，也飘了很久。火山灰的光散射，使整个地球在一年的时间里，天空经常呈现红色和橙色的日落景象，即使在遥远的挪威也是如此。但是这幅画画于1893年，火山喷发已经过去十年了，所以，即使是"写实"的风景，蒙克画的也是记忆中的景致，更重要的是，他觉得这种红色的天空能够表达他想表达的情绪——内心的焦灼、恐惧和崩溃。的确，红色也是血色，它本身即具有激动、刺激、警示、危险等色彩情绪。所以，记忆中的红色天空，也许只能算是启发。

对这幅画还有一个根本性的误解。蒙克自己的阐述是这样的："我和两个朋友一路走着，太阳下山了，突然天空变成血红色，我感觉到了悲伤的气息，我停下脚步，靠在栏杆边，累得要命。峡湾①边的云彩变成了一片猩红色，我的朋友们继续前行，但我只是站在那儿颤抖，我的胸口还有一处裸露的伤口，我听到大自然中传来一声震撼宇宙的尖叫。"

根据这段阐述我们可以知道，他画的人自己并没有"尖叫"，而是因为听到了自然的"尖叫"声，所以双手捂住耳朵，同时条件反射地张大了嘴。（学过生理课的都知道遇到巨大声响时，为了保持耳膜内外的

---

① 挪威最著名的自然风光就是峡湾。

平衡，捂住耳朵的同时需要张开嘴。）

但是，长久以来，几乎所有观画者从自身的经验和直觉出发，认定了这是画中人在尖叫、呐喊，在表达激烈的情绪——毫无疑问这样的解读更让人感同身受，而且从画面来看，这么解读也相当合理，那么"将错就错"成为一种共识，观者对于画作本身的理解和认识就不再被画家原本的意图所限制。我们甚至也可以认为，大自然在尖叫，"我"也跟着尖叫，所以，这也是艺术欣赏中的又一个特点，观赏具有"创造性"，画家并不能提供画面解释的唯一答案。

下意识的呐喊其实是一种情感的防护机制，就像是肉身遇到了入侵的病毒会发烧一样。当有人情绪跌入谷底，或者遭遇极端心理困境，我们会劝他：你哭出来，喊出来，或找个空旷的地方大喊大叫，骂几句脏话，你的心里会好受得多，如果一直压抑着，会憋出病来。日常中我们最常听到的"尖叫"来自小孩，小孩比较单纯，语言能力也不够，应激反应很直接，在遭遇委屈和表达不满的时候，通常都是大声叫嚷甚至哭叫，一方面是引起大人的注意，另一方面也宣泄掉了负面情绪。

人在梦魇的时候，自己知道在做梦，身体却似乎被捆住了动弹不得，呼吸也困难，有很强的压抑感，民间也叫"鬼压床"。这个时候，为了摆脱梦境，有可能会忍不住大叫一声，目的是把自己从梦中叫醒，然后长长呼出一口气，身体也能动了。我们如果用"梦魇"这个模式来观看《呐喊》，似乎也顺理成章。

主人公的曲线与背景中两人的直线也存在着对比，表明"情绪"是个人的、主观的，你"听到"了大自然的尖叫，但别人并没有听到；你想呐喊，但别人却很冷静——这说明你"听到的声音"和你崩溃的感受，都只来自你的内心。

著名的行为艺术家阿布拉莫维奇，曾经为蒙克博物馆做过一个"作品"，她先是找到了蒙克画这幅画的背景地，在那里立了一个画框，然

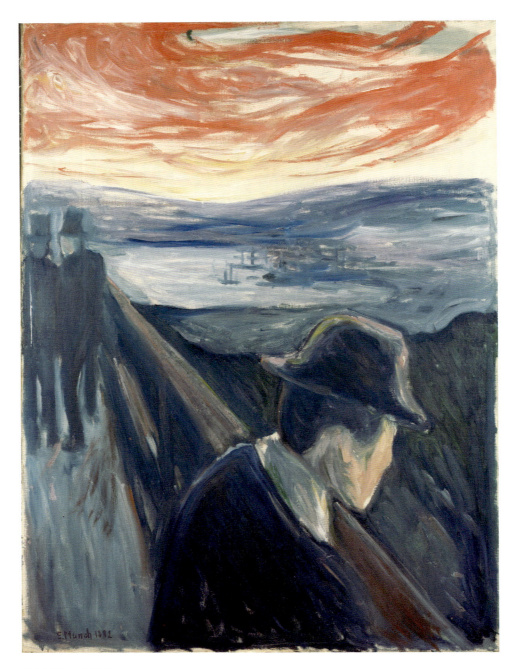

■《绝望》，1892 年

■《焦虑》，1894 年

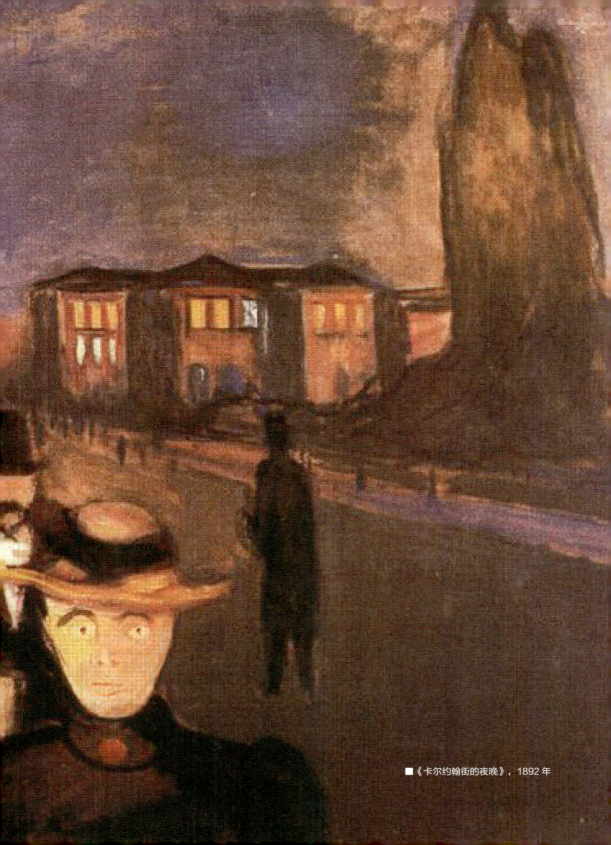

■《卡尔约翰街的夜晚》，1892 年

后招募了一百人，让他们站在画框里大声"呐喊"，并用摄影机记录下来，以这种方式还原这幅画。我在纪录片里看到，有不少人在喊叫时会泪流满面。由此可见，人内心积累的"负能量"是可以通过呐喊的方式宣泄出来的。

其实，《呐喊》只是他《生命的饰带》系列作品中的一幅，在这个系列中他画了不少与情绪有关的题材。

这幅《绝望》的创作时间比《呐喊》还早一年，除了主人公的样态不同，其他的部分（红色的天空、蓝色的峡湾、斜置的栏杆）一样，因此也有人认为这是《呐喊》的"前传"。在这幅画中，主人公侧面示人，低头看向栏杆外，面部混沌一片，没有五官也就没有表情，但从他低落的状态来看，确实如标题所言，这幅画呈现的是一种比较绝望的感觉。蒙克画中的人物经常是模糊的五官，很多时候五官的位置并不准确，还有很多时候根本不画五官。这当然都是有意为之，因为他的作品主要是关于人的情绪，模糊、错位，甚至"看不见"的五官是符合特定情绪表达的。

这幅《焦虑》，则比《呐喊》晚一年，同样是红色的天空、蓝色的峡湾、斜置的栏杆，不同之处在于人较多，有男有女、面色苍白，面孔依然是模糊的，甚至混沌一片。这幅画的背景用了他自己的"模板"，而人物部分则来源于他之前（1892年）创作的一幅《卡尔约翰街的夜晚》。

当时的克里斯蒂安尼亚（现在的奥斯陆）经济和文化都不发达，没有歌剧和芭蕾，只有音乐和啤酒馆，人们主要的社交活动是"散步"——每天下午两三点钟，资产阶级们穿着最好的衣服在一条繁华的街道"卡尔约翰街"上走路并互相致意。蒙克把散步画在了夜晚或者傍晚时分，画中众多的人物面无表情，苍白的面孔、黑色的衣服，在夜色下看起来很压抑，简直像是一支送葬的队伍，或者一群"行尸走肉"。这暗合了蒙克"活着走向死亡"的思考。他把这幅画的人物与《呐喊》的背景拼接组合，成了《焦虑》，人不再走在繁华的卡尔约翰街上，而是峡湾旁，天空也不是夜色，而是血红色，这怪异的组合更加凸显了画面中的鬼魅气氛，也把"焦虑"的主题进一步烘托出来。

当然，这种直接以情绪为标题的作品还有《嫉妒》《抑郁》《憎恨》等。

那么，蒙克为何如此执着于人的精神困境，甚至精神疾患？他为何要跟这些让人不愉快的主题较劲？

是的！他的精神，不太正常。

爱德华·蒙克（Edvard Munch）1863 年生于挪威东部城市雷登，1 岁时全家搬到克里斯蒂安尼亚（1925 年改名为"奥斯陆"），当时克里斯蒂安尼亚快速工业化导致人口激增、城市贫困，肺结核流行。蒙克家共有五个孩子，他排行老二，上有一姐，下有两妹一弟。5 岁时母亲患肺结核去世（此时在他下面还有三个更小的弟弟妹妹）。14 岁时比他大 1 岁的姐姐也因肺结核去世。蒙克的父亲是军医，但是他对母亲和姐姐的死亡却无能为力，只有无奈地祷告，这些让幼小的蒙克产生了极强的无助感。

母亲和姐姐的死亡成了他一生的梦魇。他小时候也体弱多病，而且他认为肺结核遗传，并觉得肺结核也会导致精神疾患（他的爷爷死于脊柱结核，出现了跟精神失常很接近的症状）。他显然也有死亡恐惧，坚信自己活不长。所以，他表示永不结婚，似乎是想"阻断"这种遗传。

弗洛伊德阐述过关于"童年创伤"的理论，他认为"人的一生总是在弥补童年的缺失"，用这个理论来看蒙克，都对得上。

不幸的是，父亲这一边还有精神疾病的家族史，也正是这个原因他成了狂热的宗教信徒，他把地狱、罪孽、惩罚等宿命观念反复灌输给孩子们，使得孩子们也深陷恐惧之中。蒙克 31 岁时，妹妹劳拉患精神分裂症入院治疗。

爱情这个事也让他十分焦虑——他渴望异性，但又不想深陷其中。在彼得·沃特金（Peter Watkins）1974 年执导的电影《爱德华·蒙克》中，

■《星夜》，1922—1924 年

他爱上了一个有夫之妇，但两个人不可能有结果（前面说过，蒙克本人拒绝婚姻和家庭），当他看到这个女子跟别人一起走过他身边时，他特别地嫉妒，后来甚至多次跟踪。电影中的这个人，在实际生活中是有原型的。

他还有过一个情人叫图拉·拉尔森，当蒙克厌倦了两人的关系想结束这段恋情时，她却不停地以各种方式纠缠他，给他带来了无尽的烦恼，以至于两人在一次争执中，他开枪走火打中了自己左手的一根手指，子弹嵌入手指骨，造成了永久的残疾。这只受伤的手的 X 光片，现在还收藏在蒙克博物馆内。这些比较极端的事件，无疑也加重了蒙克对于情感和婚姻的恐惧。

蒙克的精神问题还有一部分来自对性病传播的恐惧。那个时代，克里斯蒂安尼亚卖淫女很多，由于贫困问题和管理体制问题导致这个群体不断增长，而卖淫则带来了性病的失控。

思想方面，蒙克是哲学家尼采的信徒，他认同他的哲学理论，他也相信上帝已死和超人学说。他买了尼采的很多书，还曾经照着尼采的照片为他画肖像。尼采也同样深陷精神疾病的困扰，而且有个巧合是：他们都是在 45 岁这个年纪精神崩溃并开始住院治疗——蒙克始终被精神方面的问题困扰，长期靠酗酒舒缓压力。在 1908 年，45 岁的他因酒精中毒而导致严重的神经衰弱，住进了哥本哈根的一家诊所进行治疗，住了大半年的院。

所以说，蒙克的精神疾患既有基因方面的先天因素，也有家庭变故、情感、教育等方面的后天因素。家庭宗教影响与他个人对艺术和自由、欲望的矛盾，也是他创作的驱动力。

不知道是不是也有地理环境方面的原因，一直有个说法是北欧国家福利虽高，但抑郁症和自杀率也偏高。北欧国家冬季漫长寒冷，日照短，人口稀少，这些自然与社会方面的因素也都有可能影响人的情绪。

对于很多艺术家的"粉丝"来说，讲他们喜爱的艺术家患有精神病会让他们不快，因为他们更愿意那些作品是艺术家在"正常"的情况下创作出来的，能创作得那么好只源于他们是天才，而没有任何别的原因。而且，他们也不愿意自己喜欢的作品中有任何"负面"的基因。其实大可不必，艺术本来就不一定必须是美好的东西，如果只有美好的才能成为艺术，那艺术该有多么乏味啊。况且，精神疾病并不会减损作品的艺术价值，某种意义上来说，正是这种不同的精神世界，才成全了艺术家们独特的创作风格。

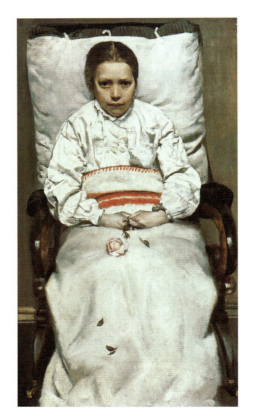

■《病孩》，克罗格，1881 年

说到患有精神疾病的艺术家，我想大家自然会想到梵高，我们前面也提到蒙克在《呐喊》中，风格与梵高的相似之处，两个人都住过精神病院，而且，根据两个人的经历，他们在巴黎生活的时间上曾经有交集，但现实中两个人并没有见过彼此。梵高的情感始终是单纯而又热烈的，蒙克则是复杂而又沉郁的。梵高曾经自残，最后自杀；蒙克虽没有自杀举动，但也经常有自杀的念头。有人说，梵高是表现主义的"先驱"，蒙克则几乎可以说是表现主义的代言人。

■《病孩》，1885—1886 年

　　蒙克与梵高不同之处在于，蒙克将其经历的精神疾患，以理性的方式呈现了出来，比如《焦虑》《绝望》《嫉妒》等，但梵高并没有这样做，他似乎也没有理性地探索过自己面临的精神问题，他只是任由自己的内心在艺术上随性地释放。

　　虽生前未曾谋面，但由于梵高早逝，去世后又在弟媳的努力经营下慢慢出名，蒙克后期应该也看过他的画作，受到过启发，比如那幅与梵高作品同名的《星夜》。

　　2015 年，蒙克博物馆与梵高博物馆分别在奥斯陆和阿姆斯特丹举办了两个人的作品联展，在梵高去世 125 年之后，两个人以这样的"方式"遇见、共鸣、惺惺相惜。

现在，让我们走近蒙克的艺术生涯。

蒙克的父亲是医生，但家族中却有与人文艺术相关的人——蒙克的伯父是挪威知名的历史学者，奥斯陆大学有他的雕像；他还有一位远房亲戚是肖像画家，挪威国立艺术与设计学院的创办人之一，曾跟法国大画家大卫学习过新古典主义绘画。

父亲想让蒙克成为一名工程师，蒙克如他所愿考取了工学院，但后来还是出于对艺术的热爱，从工学院退学，18 岁时考取了奥斯陆的艺术与设计学院，师从自然主义画家克里斯蒂安·克罗格（Christian

■《病孩》，石版画，1896 年

Krohg）。4 年后，第一次去艺术之都巴黎短期游学，接触了印象派、后印象派的作品，也看了象征主义的一些画作，深受影响。他后期人物的扁平化形象，很明显与高更的综合主义绘画有类似之处。另外，本书后文将介绍的弗里德里希、勃克林，也都或多或少地影响了他的创作风格。

从巴黎回挪威后，他受老师克罗格 1881 年的作品《病孩》的启发，创作了与老师同名的画作。但是，与老师那种学院体系、写实的画风有所不同，他在画中加入了自己的情绪——他画的"病孩"是记忆中病床上那个濒死的姐姐。此时，姐姐已经去世八年。他努力回忆姐姐去世时的场景，并且"分析"死亡的那一刻（最初他将这幅画命名为《研究》）。

他找来了小模特，是他父亲治疗过的一个男孩患者的姐姐。这个小姐姐对于生病弟弟的关爱，让他想到了曾经非常照顾自己的姐姐，此后

■《爱与痛》（后更名为《吸血鬼》），1895 年，这幅不是最早的一版

■《春》，1889 年

他又多次找她来当模特。画面的构图和用色，都是相对传统的方法，但是蒙克在前前后后一年的时间里，对画作进行了二十几次的修改——为了表达那种悲伤和绝望的感觉，蒙克刮掉了一半的颜料，在干了的颜料上刮出大量的痕迹，有的地方则用松节油把颜色洗掉，用粗粝感和褪色来还原当年姐姐去世时给他留下的"印象"，这样刻意"做旧"的方法还让画面有了一种"回忆"的伤感。他在画面上布满了从上到下的网状笔触，像是人颤抖着流下的泪痕，他还删去了大量不表达情绪的细节，从而让观画者的感受不被旁枝末节所扰乱。

与老师的《病孩》相比，你能感受到蒙克的《病孩》有一种面对死亡的宁静——毫无疑问，蒙克的作品更感人，更让观画者的心里有所波动。在蒙克的艺术观念里，绘画的完成度不仅不重要，还有可能成为情感表现的掣肘。

这时的蒙克，还沿用了很多传统的手法，远没有后来那么"表现主义"。但还是遭到了极大的批评，很多人认为这根本就是一幅没画完的作品，把这样的作品拿出来展览，简直就是"骗子"。关于这幅画他后来还画了几个技法略有不同的版本，以及《病孩》局部的"衍生版"，还有版画的版本。不同的技法和效果，让一幅画看起来会有不同的感觉。

有一点必须要说，蒙克在1894年接触版画之后，很喜欢这种艺术形式，后来他把很多油画都制作成了版画版本，但并不是简单地进行形式的"转移"，而是根据版画的特点，专门重新"绘制"。很多题材，他也会创作专门的版画，石版画、木版画、蚀刻铜版画，蒙克都留有大量的作品。他的版画与油画具有同样的高度，制作版画还有一个好处，就是在不需要出售原作的情况下，凭借出售版画获得回报，这使得他不必与自己的"孩子们"（即作品）分离。2019年4—7月，大英博物馆与蒙克博物馆合作，举办了《蒙克版画展：爱与焦虑》。

■《吻》，1897 年

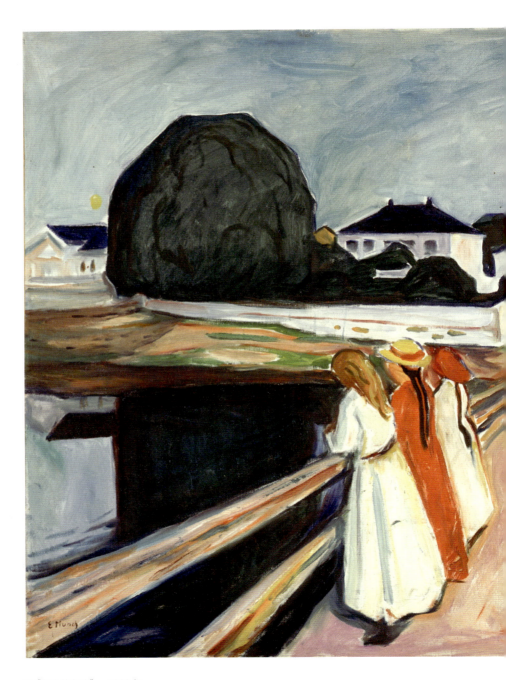

■《桥上的女孩》，1902 年

这也是他第一次在画中如此呈现自己真实的情感，尤其是这种悲伤和绝望的情感。这幅画是他的艺术源泉，开启了他后来主要表达内心世界的创作之路。他说："此后的大部分作品，都衍生自这幅画作。"《病孩》也被一些专家认为是艺术史上第一幅"表现主义"作品。

与他后来的绘画风格相比，《病孩》反倒更容易被艺术爱好者所接受，这幅画里面的情绪准确、可感，同时又不失构图和用色方面的视觉传统。

为了平息《病孩》引发的争议，他后来又以非常学院派的风格创作了一幅同一内容的画，标题为《春》。这幅现在看起来十分平庸的"高分作文"，反倒为他赢得了国家奖学金，他也因此可以在 1889 年再度来到巴黎，长期在这里学习和创作。

1892 年，29 岁的蒙克受邀在柏林举办画展，但由于德皇不喜欢法国印象派的绘画（在当时德国人眼中，蒙克的画比较接近于印象派），特别是《病孩》，被认为风格过于激进，这个展览开了一个星期就被关闭了。这反倒让蒙克一举成名，继而在德国其他城市举办了巡展。十年后，他再次在柏林分离派展中展出了以爱、焦虑、死亡为主题的系列作品，大受欢迎。

到了二战时期，我们熟悉的著名"艺考落榜生"希特勒，对先锋艺术非常不喜欢。1937 年，德国境内的 82 幅蒙克收藏作品被认定为"堕落艺术"予以没收。滑稽的是，包括蒙克作品在内的"堕落艺术"展的参观人数，是官方认可的"大德意志艺术展"的几倍之多。（说来也怪，希特勒喜欢弗里德里希、喜欢勃克林，但不喜欢与他们本质上有很多相似之处的蒙克，看来希特勒的艺术观还是更偏重表现形式。）

蒙克的创作思想还受到克里斯蒂安尼亚的波希米亚艺术家、

作家群体的影响，他们的思想观念比较激进。尤其是"无政府主义者"汉斯·耶格，他鼓励忽视婚姻的束缚，倡导自由地"恋爱"。吸引力、嫉妒、分离、焦虑和孤独，这些波希米亚人的动荡情绪，都成了蒙克的主题。蒙克认为自己的画作属于"生命绘画"。

我们前面提到了他在爱情和婚姻方面存在的焦虑和恐惧，这种心理，也都被他画在与爱情相关的作品里。

比如《吸血鬼》，最初他将其命名为《爱与痛》。作为一幅爱情题材的画作，本意画的是男女之间的亲昵关系，男人扑在女人的怀里，女人则亲吻着男人的后颈（在1974年电影《爱德华·蒙克》中，蒙克与爱上的有夫之妇表现亲昵时，就有女人吻他后颈的细节，这个细节应该是受这幅画的启发）。可能是画家对男女之情恐惧潜意识的驱使，他用了阴暗的色调，女人散落的红发像流出的血痕，整个画面并没有表现出浪漫，反而充斥着一股阴森、鬼魅的气质。看过的人都觉得画得像个"吸血鬼"，蒙克自己也认同了大家的感受，也许他也感觉到了在无意中画出了自己内心世界，他看到了自己对女人、对爱情的恐惧。他"接受"了大众的意见，将这幅画更名为《吸血鬼》，一幅原本美好温馨的画作，立即血腥恐怖起来。

关于爱情主题，他还有另外一幅名作《吻》。我曾介绍过罗丹的《吻》和克里姆特的《吻》，按照完成的时间来看，这两幅著名的《吻》都在蒙克这幅画之后。蒙克的《吻》最有意味的一点是，他把拥吻的男女，几乎画成了一体，身体上的分界线几乎被模糊掉了，更为惊人的是，两个人的面部完全"囫囵"一片，不仅没有五官，也没有轮廓分界，完全混成一个平面。这当然是在表现情之所至的忘我和两情相悦的融合。但是他使用的阴暗色调以及画中几处刺激的红色，又让画面蒙上了一种伤感绝望的调子——让你感觉这个"吻"似乎有种不祥之兆。这种调子，在蒙克前期的作品中是挥之不去的。

进入 20 世纪，蒙克的绘画风格发生了很大的转变，他很少再画那种阴暗调子的色彩，在笔触风格没有太大变化的情况下，画面的色彩鲜亮起来了（比如《桥上的女孩》），画面的情绪也不再是满满的负能量，这样的作品对于他精神状况的维持和好转，也起到了一定的积极作用。说实话，作品中感动人的力量则弱化了，甚至消失了。

虽然经历了 45 岁时的住院治疗，但精神方面的病症并没有彻底治愈，直到他 1944 年（81 岁）去世。如他自己当年的"决定"，他一辈子没结婚，"孩子"就是他的那些作品，最终也全部遗赠奥斯陆政府。1963 年他诞辰 100 周年时，蒙克博物馆开馆。

这位被精神问题折磨了一辈子的画家，同时也用艺术自我疗愈了一辈子。仅仅是看着《呐喊》，观者也能通过共鸣来直面情绪的谷底。我们当然会为他承受的苦痛而难过，但也欣慰，正是他曾经挖掘出那样的人性深度，用那样精彩绝伦的艺术形式，帮我们大声"喊"了出来。

Giorgio Morandi

莫兰迪

创造了一个色系的大师

Giorgio Morandi

意大利艺术的"逆子"

说到艺术，很多人第一想到的是意大利，而说到意大利的艺术和艺术家，大家首先想到的是一个关键词——"华丽"。

华丽首先是"阵容华丽"——大师云集、群星璀璨——乔托、波提切利、达·芬奇、米开朗琪罗、拉斐尔、乔瓦尼·贝利尼、曼坦尼亚、卡尔帕乔、提香、委罗内塞、丁托列托、布隆奇诺、卡拉奇、卡拉瓦乔、贝尼尼、提埃波罗、卡纳莱托等等；其次是"风格华丽"——古罗马艺术的壮丽恢宏和理想化、湿壁画的优雅丰富和绮丽匠心、文艺复兴佛罗伦萨的逼真再现和人性光芒、威尼斯画派的雍容绚丽与活色生香、矫饰主义的肤白身长和浮夸扭曲、巴洛克艺术的炫动激情与华美装饰等等。所以，想到意大利艺术你肯定会想到"华丽"。但就是这样一个华丽的艺术国度，出现了一个违背华丽艺术传统的"逆子"，他拒绝一切亮闪闪和造型复杂的物品，基本上只画灰蒙蒙的瓶瓶罐罐——他叫莫兰迪，他对意大利传统艺术进行了一次彻头彻尾的"断舍离"。

乔治·莫兰迪（Giorgio Morandi，1890—1964）生于博洛尼亚，17岁时进入博洛尼亚美术学院学画。我们知道，博洛尼亚有着很悠久的人文艺术传统，这里有欧洲最古老的大学，"欧洲大学之母"——博洛尼亚大学，而博洛尼亚美术学院则由巴洛克大师卡拉奇三兄弟创办，是欧

■ 莫兰迪

洲最古老的美术学院，是"学院"派艺术的"源头"。

莫兰迪上大学时，父母相继去世，他虽然仍是少年，却不得不肩负起家庭的担子，毕竟还有三个妹妹需要养大。不知是天性使然，还是人生经历造就，或者两个原因兼有，他一辈子深居简出、清心寡欲，似乎对亲密关系恐惧或者厌恶，他一生没谈过恋爱，更没有结婚，也没有性向方面的传闻，绝大多数时间是跟同样一生未婚的三个妹妹生活在方达查街36号——这确实不太像热衷于"撩妹"的意大利男人。他有"僧侣画家"的外号，既是源于他苦行僧修行般的生活，也是因为我们当代人常说的"性冷淡"式的艺术风格。当然说他苦行僧是别人的视角，他本人应当是乐在其中的。

大学毕业后，莫兰迪成为一名小学美术老师，并且一干就是15年。（我猜测，会不会是多年的小学美术教学经历，让他对简单、纯粹的东西，有着更为深刻的认识。）

40岁时，他以蚀刻铜版画教师的身份重返博洛尼亚美术学院，他在学校主要教"技术"，而不是艺术。因此，他对绘画艺术的探索，始终是一个人的"长征"。

他的画和他的人，同样地简朴素淡。他常住博洛尼亚，大隐于市，很少旅行，偶尔在意大利国内走走，去趟相邻大区（相当于中国的邻省，而且还是面积很小的那种）的佛罗伦萨，就算是远行了。唯一一次出国，是去瑞士的苏黎世，是去看他偶像塞尚的画展，也有资料说他年老时去过一次巴黎。1956年，他从博洛尼亚美院退休，全身心专注于自己的绘画，干脆把卧室与画室合二为一，与他画的那些瓶瓶罐罐朝夕相伴。他的人生可以说是极其寡淡、毫无剧情。

1948年，他的画作在威尼斯双年展上获绘画一等奖，接下来更是一发而不可收，参展、拿奖成了家常便饭，1957年赢得圣保罗双年展油画大奖（同届竞争对手有马克·夏加尔和杰克逊·波洛克），这让他的画

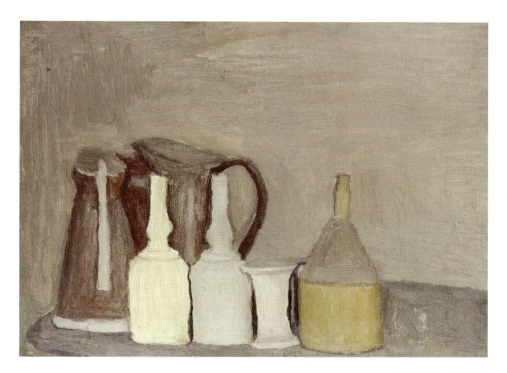

■《静物》，1949 年

■《静物》，布面油画，25.5 cm×40.5 cm，1955 年

在艺术品市场上非常畅销，但也给他增添了不小的烦恼——他觉得太闹腾了。他说："他们实在是太想剥夺我那仅有的一点点安宁了，我一直过得都是一种非常安静而隐退的生活，我唯一希望的东西是获得平和安静，以便工作。"

在他晚年的画作中，瓶罐的造型越来越简，笔触越来越模糊，颜色也越来越灰、越来越冷，形成了一种宁静、悠远、淡泊的气氛，越发显示出一种超凡脱俗的气质。

毕加索的"反义词"

在古老的博洛尼亚美术学院里学习，莫兰迪自然有着非常传统的"学院"美术训练，然而他不满足于学院的创作传统，他想尝试更多，他自学了伦勃朗的蚀刻铜版画技巧，但更愿意跟踪最新的艺术风潮——

■ 莫兰迪的卧室兼画室

成长于 20 世纪初的他，不可能无视现代艺术的"横空出世"。（莫兰迪进入美术学院的时间，正是毕加索创作《亚威农的少女》的那一年——1907 年。）

因此，莫兰迪深深地喜欢上了塞尚，后来也学习并尝试了立体主义艺术的探索，他甚至还受到过野兽派画家安德烈·德兰的影响——这确实有点怪，毕竟野兽派是以浓烈鲜艳的饱和色著称的，而莫兰迪后来则把颜色的饱和度降到了最低，走向了与野兽派完全相反的道路。我想，可能正是因为他曾经接近过野兽派，对色彩进行过深入的思考，才有了他自己独到的色彩理解和实践。所以，好的学习并不是复制，而是理解并超越。

当时，各种现代风格的艺术风起云涌，1917 年，卡洛·卡拉（Carlo Carrà）和契里柯（Giorgio de Chirico）组成"形而上画派"，特点是把真实与非真实犹如缠绵的梦境融合在一起。正如它的名字，"形而上画派"

■《静物》，蚀刻版画，1933 年

■《雅典学院》，拉斐尔

追求一种哲学化的思索，他们受到叔本华、尼采以及弗洛伊德学说的影响，开启了对于直觉、幻觉、潜意识的视觉呈现，因此也开了超现实主义的先河。

莫兰迪加入了他们，我们在莫兰迪的早期作品中，能看到非常类似契里柯的"形而上"画作。但是，并不多。因为不久以后，莫兰迪也不再"形而上"了，他离开了现代艺术的时髦形式，离开了先锋艺术的"奇奇怪怪"，回到了"静物""具象"，但他并没有回归保守的学院艺术，而是在冥冥之中接过了塞尚静物画的衣钵，开始了大半生的探索。

如果给"莫兰迪"找一个反义词的话，那应该是"毕加索"，两个人的绘画风格和人生际遇，几乎完全站在了彼此的对立面——一个是立体主义的创始人之一、极尽标新立异、浮夸喧嚣、天马行空、玩弄名利

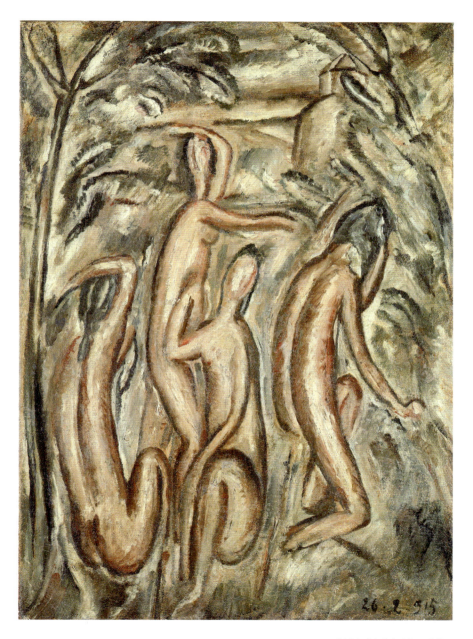

■ 莫兰迪“立体主义”风格作品

■《亚威农的少女》，毕加索

场于股掌、艺术风格一变再变、一生都是故事的纵欲系"顽童"毕加索；另一个却是兼具古典与现代、极尽低调含蓄、无欲无求、探求艺术真谛于斗室、一辈子只画瓶瓶罐罐、人生平淡无奇的禁欲系"老僧"莫兰迪。这两个完全不同的画家，追根溯源，却都来自塞尚。

写到这里，不得不再次感慨塞尚的伟大，他一个人开启了大半的现代艺术，受他影响的流派或者大家太多了。沿着塞尚开启的现代之路，后世艺术家完全可以走出不同的，甚至相反的"支线"，而且也都到达了各自的彼岸。

抽象的具象

说到"抽象艺术"，我们能立即想到康定斯基、蒙德里安，因为他们不再画具体的"什么"（即真实自然物象）。莫兰迪是画了"什么"的，就是那些瓶罐杯盒，所以几乎不会有人把莫兰迪的作品归为"抽象艺术"。但是，他的画本质就是"抽象艺术"，瓶罐杯盒只是他借用的形，因为它们是生活物品中最接近几何的物体——这是符合伽利略关于"自然之书"的理论，他说："自然之书是用数学语言写的，它的符号是三角形、圆形和其他几何图形。"这也符合塞尚的说法："要用圆柱体、圆锥体和球体来表现自然。"但莫兰迪并不着力于呈现这些瓶罐杯盒的真实感，他探索的是形体与形体之间的位置关系，形体与空间的关系以及色彩的情绪。所以，他的画本质上就是一个个看起来像是瓶罐杯盒的色块。

他说："没有什么比真实更抽象。"

我们看到了与毕加索们完全不同的另一种现代艺术——它"看"起来一点也不现代，甚或还有点"古典"，但是它拥有完全意义上的现代精神内核。

■《静物》，1948 年

古典静物着力于真实的再现，铜的金属光泽、玻璃瓶的通透以及水的折射、陶瓷的质感，鲜花水果甚至上面腐败虫洞的逼真——炫技；同时，每一样精心选择的静物所代表的宗教寓意、花果虫鱼猎物骷髅所代表生命易逝的主题——哲思。这些传统静物画最基本的"功能"或"特质"，在莫兰迪的静物画中完全找不到。

他大刀阔斧地做着减法：把绘画的题材减到只剩下瓶瓶罐罐，把色彩减到只剩下灰，把作画的空间减到只在狭小的卧室里——减无可减。莫兰迪实现"现代艺术"的路径，是基于传统古典艺术的，但却是对古典艺术内核进行了一次根本的改造。

与其他现代艺术家的不同之处在于，他认为与其刻意地去画几何体，不如画跟几何体最为接近的身边之物。显然，熟悉的瓶罐杯盒能够满足他对物象形体的需求，但又不失去在生活中真实物象的存在，瓶罐杯盒就是这种现成的、单纯的几何实物——瓶子是圆柱体加锥体，盒子则是立方体（对于塞尚来说，苹果就是"球体"，但莫兰迪比塞尚走得更远，他宁可舍去球体这个形，也不画容易溃烂的"活物"）。这无疑是他在艺术追求上"回退"一步的做法——画所有人能理解、能接受的"物品"。

色彩上，塞尚给我们看到了"灰"的应用，但彻底禁欲系的莫兰迪则走得更远，他在色彩上进一步"褪去"饱和度——塞尚是有一点灰的色彩，莫兰迪是有一点色彩的灰。毕竟"孤独"的塞尚，常画的还有最低限度的"活物"——兼做模特的媳妇和苹果，而莫兰迪的生活和作品中，这最低限度的都没有。

　　法国画家巴尔蒂斯说莫兰迪："他的绘画别有境界，在观念上同中国艺术一致。他不满足表面看到的世界，而是借题发挥，抒发自己的情感。"

　　的确，在抽象还是具象的选择上，莫兰迪确实与中国绘画有很多交集。齐白石说："作画妙在似与不似之间，太似为媚俗，不似为欺世。"莫兰进借用具象物体的形，表达对于"基本形状"与"色彩"的抽象化思考，有效做到了似与不似的平衡。

　　在题材上，中国文人画也是比较"程式化"的，山水画就是一河两岸，然后就是花鸟，人物画基本上被边缘化了；在"单调"程度上，跟莫兰迪的画有一拼，再进一步说，画什么不重要，怎么画才重要；在构图上，莫兰迪静物也有类似于中国画的"留白"，让画面的一部分空起来；在色彩上，莫兰迪是"去饱和度"，而中国的水墨画则是完全没有色彩，或者用浓淡干湿来实现"墨分五色"，从审美价值上来说，确实有异曲同工之处。

　　当然，我们并没有什么资料证明莫兰迪受到了中国艺术的影响，也许，与中国古代文人在价值观上的相似，只是精神共鸣的一种巧合。所以，喜欢文人画的中国人，欣赏莫兰迪的作品反倒可能会更容易些。

■ 莫兰迪 "形而上"画派风格作品

■《静物》

褪色旧衫

　　莫兰迪绝大多数的作品就是瓶罐杯盒，偶尔也画瓶花，再少的就是风景——基本上是他从窗口望出去的风景——没错，连画风景也不出屋，艺术圈里还能找到更"宅"的吗？

　　不管画的是瓶子、罐子，还是杯子、盒子，基本上都涂掉了原有的商标或者装饰花纹，他在道具上持续做减法，就是让这些道具更接近他所需要的几何形状，但是他又不希望它们失去物象的具体。他对道具大多都会进行二度加工，在瓶子上涂颜料，主要是为了不让它们反光，甚至会刻意让油彩自然吸附和集纳灰尘，这样形成的颜色，便是有了底色的"灰"，而且集尘的瓶体自然也不会反光；有的时候他会将瓶身与瓶

■《静物》，1948 年

颈涂成不同的颜色，用于绘画中的搭配和对比；他在盒子上涂颜料，则主要是因为画面中需要方形物体。涂颜料是他加工道具的"加法"，本质上却是消减道具复杂性的"减法"。

　　构图上，莫兰迪多采用均衡的十字构图，物体在画面正中，四边留白。有时候物体靠前，减少了画面底部的空间；有时候也会将瓶罐组合置于画面一侧，因为用色柔和，画面也不会显得失衡，更像是总体均衡之下的一种活泼。莫兰迪非常重视比例关系，被画物体的体积、物体与物体之间的距离以及前后左右的留白，都非常平衡且稳定。莫兰迪花心思最多的是物体与物体的关系，包括色彩的对比和呼应、"高矮胖瘦"的组合、如何排布它们的空间位置，如何相互应和、形成变化，但同时又浑然一体，这几乎是莫兰迪最在乎的，这也是莫兰迪静物画最重要的"看点"之一。

当然，莫兰迪的最大贡献不只是他这一系列的绘画，还有基于他的绘画作品总结出来的色彩系统，这个色彩系统被称为"莫兰迪色"，也有人叫它"高级灰"。现在"莫兰迪色"已经被广泛地、系统地应用于产品设计领域。

莫兰迪这个名字在中国被大众所知，则是源于宫斗剧《延禧攻略》使用了"莫兰迪色"滤镜，让人们在一部大众通俗剧中，看到了难得的优雅，可以说，莫兰迪配色在视觉上抵消了部分通俗剧的浮夸，起到了平衡的效果。

■《杂花图》（局部 泼墨荷花），徐渭（明）

有人说，他对于灰色系的使用，有可能受到所在的博洛尼亚的影响，这个城市有很多古老的建筑和街巷，这些老旧砖石和墙垣，时间褪去了它们曾有的鲜活色彩，而浸淫在这个城市中一辈子的莫兰迪，也许从身边获取了对于色彩的理解和认知。

那么，"莫兰迪色"为何会具有"高级感"呢？

一般来说，纯色表现力强烈、充满活力，带有直率明快的开放感，刺激视觉，更具戏剧性。当然，活力表现过多，也会显得低俗。民间艺术就喜欢纯度很高的颜色，我们熟悉的梵高、马蒂斯代表的"野兽派"，

■《白色的路》，1939 年

都比较喜欢用纯色，画面生猛，很有感染力。

在纯色中加入灰色后，会变成"浊色"。纯色的开放性会消失，表现出封闭、隐秘和紧凑的感觉。莫兰迪的色彩属于"浅浊色"，能够表现细腻的优雅，没了开放性自然就没了热闹，反而有了安静和雅致，营造出一种内敛、含蓄、深邃、沉稳、成熟的气氛。有见过莫兰迪画画的人说，他画一幅画时，最开始都会上一些色彩，然后再在上面用一层颜料覆盖上去，让里面的颜色微微地透出来，形成一种由内而外的感觉。

塞尚说，"一个人画不出灰颜色，他就永远成不了一个画家"，而莫兰迪把灰色画到了极致。

构图上简洁均衡、用色上优雅素淡、题材上质朴日常，莫兰迪的绘画，像是一件穿旧了的褪色纯棉衣衫——柔软、宽松、透气、亲肤，它不是在那些仪式或者晚宴等场合穿着的华美礼服，也不是职场、谈判等场合穿着的商务制服，但在居家休闲时刻，你大多数时间穿着它们，显然它们更加舒适亲和、无拘无束、放松身心，它们价格虽低，但价值更高。

■《静物》，彼得·克莱兹（尼德兰）

合影（一点联想）

在思考莫兰迪与他画的瓶瓶罐罐的关系时，我突然想起一位有过一面之缘的电脑字体设计师，他的故事和人生曾深刻地影响了我。他是一家公司的老总，但酷爱设计字体，这是一个与他公司不相干，也没什么功利目的的事。他上班途中，看到车窗外树上的鸟窝，便会感慨，那是鸟的家啊，于是设计出一种字体叫作"喜鹊巢"；小时候和哥哥姐姐穿的白衬衫都一样，姑姑在衣服上用线"绣"出他们的名字以作区分，回忆起童年往事，他又设计出一种类似"针绣"的字体。然而这位老师跟我说，他生活中其实没什么朋友，他的朋友就是那些电脑字，他每天三四点钟起床打开电脑开始设计字体，他觉得他就是跟这些字在对话、交流，他觉得他懂这些"字"，这些"字"也懂他。

我猜测并相信，在莫兰迪的眼中，那些长久相伴的瓶子早已成了他的朋友，他几十年一直跟这些瓶罐"对话""交流"。我不太清楚莫兰迪是否有社交恐惧，但他至少是厌恶社交的，对他来说，与人交往，远不如与这些瓶瓶罐罐打交道更为"真实"和"可靠"。

在翻看莫兰迪画册的过程中，我突然觉得像是在看一个个"瓶罐们"的大合影，这个念头吓了我自己一跳，再看他的画，就觉得那些瓶罐杯盒都成了一个个具体的、有个性的人——高的矮的、胖的瘦的、白的不白的、前排的后排的、站着的坐着的、垂手而

■《静物》，1957 年

立或者左拥右揽，它们虽各有形状，但色彩上彼此相融。作为莫兰迪的老友，它们挤在一起、伸着脖子、略带拘谨地看着给他们"拍"了几十年合影的"照相师傅"。

以上都是联想和猜测，我并不确定与瓶罐们朝夕相处的莫兰迪，有没有在心里把它们拟人化，但从拟人的角度来看，竟觉得特别有趣，甚至感觉还挺萌，完全不枯燥。而且有意思之处在于，正因为莫兰迪把它们的外形和色彩简化，我才觉得它们有一点点"人性"，如果它们画得像尼德兰静物画一样逼真，恐怕也不会让我产生这样的联想。

"想象成一群人的合影"——这是一个很好玩的欣赏角度，大家可以试试。

"孤僻""冷淡"在中国的语境中是贬义词，因为我们看重人的社会性，贬低人的个体性。一旦有人不大"合群"，便会被视为异类。实际上，孤独与自在是一个硬币的两面，如果你不想被社会、潮流、喧嚣淹没，你想获得精神上的独立与物质上的自在，唯有孤独才能达到这样的目的。可以说——无孤独、不自在，也只有孤独才能斩断与社会、与其他人千丝万缕但不一定有益的联系，让一个人完整地做自己。

当然，"孤独"也不一定是刻意为之、后天的"选择"，很多人的孤独是天性使然，这也就给了他们一个获得自在的机会，是一种特殊的"天分"。

"冷淡"虽然失了人与人的温度，但也由此剥离了不必要的羁绊和纠缠，不再有情绪上的激荡，让观察与思考得以纯化，才有可能触及更为深刻的本质。莫兰迪的"冷淡"，一方面是他的行为——几十年如一日地对一堆"瓶瓶罐罐"审视、思索、绘画实践；另一方面是他性格的冷淡在作品中呈现出来的安静、素简、单纯，具有现代审美意识，但又避免了现代艺术的浮夸。

所以，正是"冷淡"成就了莫兰迪——他的冷是自在，他的淡是真味。

Hammershoi

哈默修伊

与门为生的宅男画家

Hammershoi

原本要去东京看哈默修伊的画展，结果却只能去京东买一本他的画册——突如其来的新冠肺炎疫情，让我不得不退掉机票酒店、取消行程，在房间里继续做一个宅男。

丹麦画家哈默修伊（又译"哈莫休依"等，Vilhelm Hammershøi，1864—1916）也是个宅男，而且是个"深宅"，他日复一日地画着他在哥本哈根住了十几年的河畔街30号公寓——那几道门、那几扇窗、那台羽管键琴和那个黑衣女子的背影，反反复复，静谧悠长。

丹麦不算是个艺术之国，哈默修伊也不算是个名画家，很多艺术通史类的书籍中难觅他的介绍，甚至名字都少见，他不属于那种对于"艺术史流变"有重大贡献——比如创造了什么流派风格——的画家。与当时已经如日中天的印象派和锋芒毕露的现代艺术流派相比，他在艺术形式上也没有进行过什么探索或创新，在风起云涌的艺术大跃进时代，他像是个旁观者。他出身于小商人家庭，8岁开始上绘画课，后来读美院、四处游学，然后结婚，过平常的日子——没什么故事，关于他的记载非常少，也就不会因为画外的原因而为公众所知。

在大家没有深入认识他之前，他就在那里静静地待着，像他笔下的黑裙女子一样，伫立窗前，很久很久。

初看他的画，觉得风格是"维米尔＋弗里德里希＋霍珀"——维米尔弥散在房间里的光，静谧的氛围；弗里德里希喜欢的人的背影与窗口

Budtz Müller & Co.
KGL: HOFFOTOGRAPHER

■ 哈默修伊

■《白色的门》

眺望的主题；霍珀式人物的孤独感、疏离感，这些都能找到。当然，霍珀肯定不是他效仿的"老师"，因为 1864 年出生的他，比霍珀整整大了 18 岁。那么反过来说，霍珀有没有看过他的画、受过他的影响呢？不得而知。

再多看一些他的作品，会发现他还有一位老师——惠斯勒——那个喜欢黑白灰调子，喜欢把作品命名为《协奏曲》《交响曲》等音乐名称的定居英国的美国画家。哈默修伊曾经画了一幅《艺术家的母亲》，几乎就是惠斯勒作品的翻版，同样的黑裙、同样的灰墙、同样的白色头巾、同样的对角线构图……最大的区别不过是母亲坐的方向相反而已。他是惠斯勒的铁粉，甚至曾经千里迢迢跑到伦敦去登门求见，不巧的是第一

■《Ida 弹钢琴的房间》

■《音乐课》，维米尔

■《窗边的女人》，弗里德里希

次上门时没能遇上，他生性羞涩又不自信，便再也没有勇气去第二次——北欧人好像都有些社交恐惧的基因。

然后我们会发现他画中还有莫兰迪的影子——对，就是那个著名的"莫兰迪色"——执迷于各种灰的彩色，物象简化、主题单一，用几近于"性冷淡"的风格画瓶瓶罐罐，打造了一个极简的具象视界。当然，莫兰迪也不会是他的老师，因为莫兰迪比霍珀还要小6岁。

最后我们会惊奇地发现，他是"寂寞派"（无此流派，我胡乱起的名称）绘画各种风格的集大成者——集纳了他之前的"寂寞大师"维米尔、弗里德里希和惠斯勒，同时也提前"透支"了后来的"寂寞大师"霍珀、莫兰迪。

■《惠勒斯的母亲》，惠斯勒

所以，他营造的"寂寞"最纯净、最安静、最与世无争，作为东方人，我们会自然想到禅、空、无为、侘寂。

他最爱画门，正面的门、侧面的门，而且尤其喜欢打开所有的门，一层层地嵌套出三重门（《白色的门》），门隔开了空间，但也敞开着，并没有拒人门外；敞开的门并非坦荡荡，而是空荡荡，不是热情地迎接你，而是冷静地开着而已；一眼看过去，哪间房都是寥寥无几的家具，甚至是彻底的空寂——他的生活空间真的是这样吗？还是说，这是他希望的、理解的生活？最里面的门，或许会有一点点光透出来，可能就是那间屋子的窗，房间里有没有人就不知道了，但几乎可以肯定的是，画家并没有表现房间的故事性，他只是在画那种"空"——由此及彼的"空"、

■《艺术家的母亲》，哈默修伊

由里到外的"空"。

房间里即使有些器物，桌面上也大多光秃秃什么都不摆放，即使摆放了餐盘，也多是不置一物，沙发和椅子也都是空荡荡，画家似乎并不觉得需要什么来填充它们，这种空也并没有呈现特有的情感，更像是一种悟道后的了然。

门也好、窗也罢，还有墙上的框线、镜框，在他的画中，你总能看到他精心构造的线条，这些直线在画面中别有一番韵律。当然，之所以不停地画门、窗、墙，也主要是需要这些直线，这些线结合着柔和曲线并略带模糊的人像，配合光影和色调，共同构成了他独有的美学要素。

有时候，他也会把那些直线画出一种透镜边缘式的变形和扭曲（例如本文第一幅图《白色的门》中门框线、门边线），毫无疑问这是一种刻意，这种不引人瞩目的扭曲，就是画家藏在画中的小谜团，让过于平整的画面有了一点点玄妙的意味。有时候，他在构图时也会稍微倾斜一点点（例如本文第二幅图《Ida 弹钢琴的房间》），也是很不起眼的设计，那一点点倾斜，似乎在暗示着观察的主观性和动态感，似乎是画家正在走近弹琴的妻子。（用云台稳定器拍过视频的都知道，动态画面经常都是有一点点倾斜的。）这里说的扭曲和倾斜都是"感性"的和主观的，如果是理性地画，"扭曲"肯定是不存在的，倾斜也会被纠偏。

虽然他学习了维米尔对于光线的处理，但他并没有像维米尔一样用光学成像设备辅助，来追求惊人的细节。相比起来，他的笔触松散朦胧，与他简约的画面相得益彰。

黑白灰的色调是他室内画最主要的用色，这其中他似乎更喜欢用白色（其实也就是极浅的灰色）——白的门、白的窗、白的墙、白的光。在关于色彩的性格分析中，白色代表着北方的颜色，在冰雪季节悠长的北欧，白色应该是熟悉的，也是理性和冷静的；白色也意味着"空"，两个字连用就是"空白"；白色也表示孤独、洁净，这些色彩性格也都

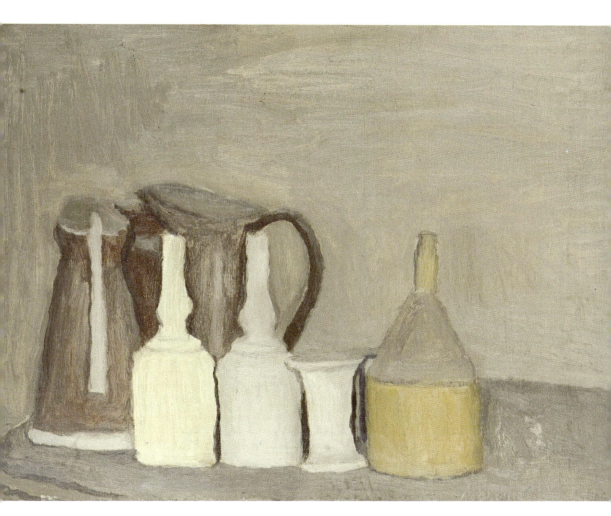

■《静物》，乔治·莫兰迪

■《室内景》

■《室内景》

■《站在窗边的老妇》

进一步烘托了作品中安静、清冷的气氛。他画出的各种程度的白，就是应和各种形式的"空"。

他也爱画窗、爱画女子的背影，女子大多穿着黑色长裙，大多有一个白色的美丽后颈，如同京都的艺妓一样。不过不同之处在于，艺妓敷上白粉有意装饰的后颈，目的是呈现女人的美丽性感，然而哈默修伊画中女子的后颈，虽美丽依然，但却没有半分的诱惑。

画中女子少数是他的妹妹 Anna、母亲 Frederikke，更多的则是他的妻子 Ida，资料上说他的妻子有躁郁症，这却与画中的她呈现出天壤之

■《休息》

别——他为什么把躁郁的妻子画成了一言不发的安静女子？难道是因为那是他的期待？或许在她"躁"和"郁"两种交替的情绪中，抑郁情绪是主导？总之，他只留下了她最安静的一面，或者说她的安静只是他的道具，那个寂寞的背影，只是他在她身上的投射？

两个人的感情状态也令人猜不透，他一幅又一幅地画她，应该是亲密的，但大多又只是画她的背影，不是背影时也就静静地、旁若无人地弹琴、读信、编织、发呆……看上去又不那么亲密。你不会感受到画家对于被画者满满的爱意，而看到的是特别冷静、特别"无意"，她似乎

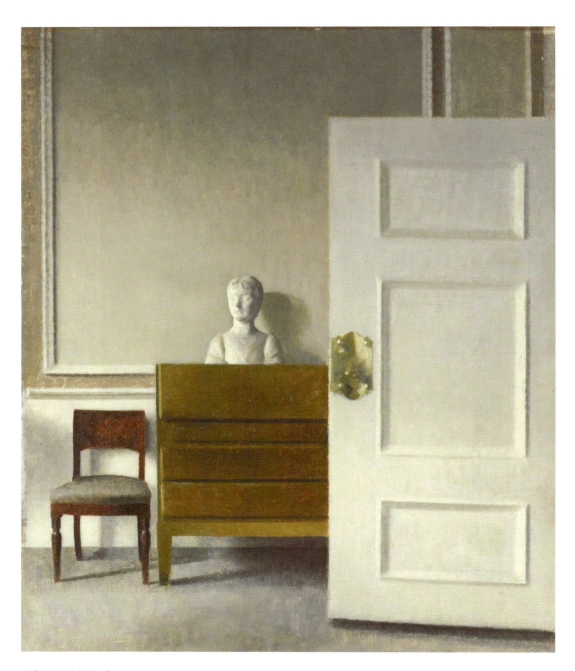

■《有半身像的室内》

■《室内》

也不知道自己在被画，她只是在那里，他只是在画她。

与伦勃朗等很多大画家不同，他基本不用眼神来表现人的精神性，而是用她们的后背，而后背是有故事的，是会说话的。刻意避免的"眼神直视"，让画中人无法与观画者交流，从而让观看变成了旁观、变成了审视，而不是互动，这也会在潜意识里促使观看者更多"不言说"的心理（也就是说，你会情不自禁地"闭嘴"）；而且，我们也会不自觉地猜那画中的女子，此时正在想些什么呢？这也是用简单来表现丰富，"少即是多"。

黑裙是最常见的装束，它有神秘感，也有一种冷感，它比较严肃、克制、理性，同时也掩盖了穿着者的丰富内心；黑色与白色形成对比和呼应，让表达的情绪更加清晰、直接，也少了色彩对于主题的干扰。（所以直到现在，尽管彩色图像唾手可得，但黑白影像依然有彩色影像无法比拟的独特魅力。）丹麦人主要信奉新教路德宗，路德宗用黑色的衣服来避免奢华的装饰，这也许是画中常见黑色的另一层原因。

很多时候，人物常常只在画面的一角，更多的面积，留给了房间的虚空，有人好奇把画面中的人物遮挡起来，剩下的画面竟然也能独立成为很不错的"静物"画。很多时候更为亮眼的主角是光，透过窗子或者天井，照在画面的某一个局部，时间静静地停驻在那里，是片刻，也是永久。

所以他画的主角是"空"。

因为他不停地重复同一个公寓，他在哥本哈根这间河畔街30号的公寓里一住就是十几年（有的说法是11年，有的说法则是15年），后来搬了家也不过是同一条街对面的25号公寓。看过越多他的作品，你对于他的居住空间越熟悉，甚至都可以还原出一个户型图来。他显然没有因此而觉得无聊，也并非像我们因躲避疫情一样被迫宅居，其实画什么并不特别重要，怎么画才是他要表达的，即使是在另外一间居所，他也同样是会重复地画每一道门、每一扇窗、每一面墙，简单而又深邃，日常而又永恒。

■《庭院内景》

■《一面墙》

■《一面墙》

■《一面墙》

《一面墙》

■《一面墙》

■《一面墙》

不得不说的是，他曾遇到一位很好的老师克洛依（Peder Severin Krøyer）。当年他画妹妹的《少女肖像》在美术学院画展落选时，是克洛依站出来组织一批画家集体签名表达抗议。克洛依是追随印象主义的画家，对于艺术的追求是前卫的，但他却容忍自己的学生用"老旧"的手法创作，他说："我有一个学生，画得很古怪，虽然无法理解他在做什么，但我相信将来他会成为一个重要人物。记住！千万别想塑造他。"好的老师就是这样的，不一定是教会了什么知识或者技能，更重要的是帮助学生找到真正的自己。

尽管他对着自己的屋子不同的墙面画来画去画了十几年，但哈默修伊并不完全是个孤僻的宅男，其实他还挺热爱旅行的，他曾经游历了欧洲很多国家，最爱的是英国和荷兰，尤其是伦敦雾蒙蒙的景致，与他的绘画有某种程度的契合。因此他也会画一些风景题材，风景画虽然在色彩上比室内画丰富了很多，但是却依然是极简式的构图、模糊朦胧的笔触，画得也不错，但是不如他的室内画更加令人印象深刻。

52 岁时，哈默修伊就因罹患癌症去世了，在死之前，他焚毁了跟自己创作有关的大量资料和信件，而生前他也不过就接受过两次采访——他不太想让世界了解他个人，或者他的创作理念，态度甚至有些决绝，他大概是觉得作品中有他全部想说的话。

他生前没有作品入选丹麦国家美术馆，死后，赞助人向国家美术馆捐赠了 28 幅他的画竟然被拒收，这是有多么不受待见！实际上他出道以后也并非完全无人喝彩，他的画被雷诺阿欣赏，诗人里尔克也曾高度评价。但他去世之后，他的画还是跟他画里的房间一样，进入了长久的寂静，直到 20 世纪末，巴黎奥赛美术馆和纽约古根海姆美术馆先后搞了他的个展，他才渐渐重新走回大众的视野。

安静是一种声音上的"空"。有人说，哈默修伊的安静是一种隐秘的戏剧性，也有这个可能，有时候戏剧张力，不一定是激烈的语言和肢体，

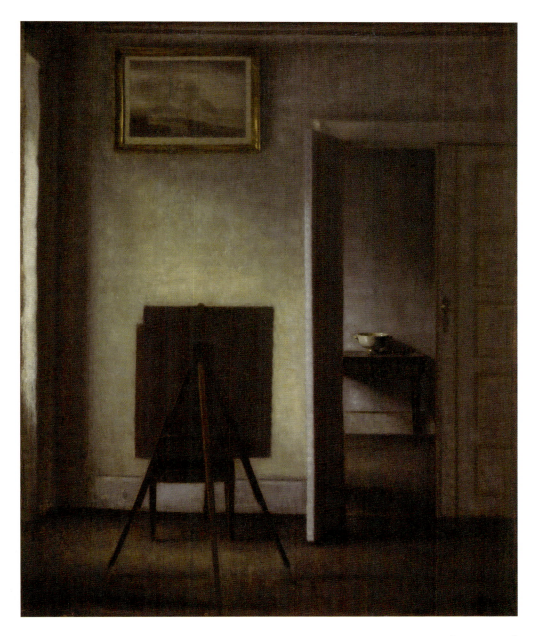

■《艺术家的画架》

■《小橡树》

也可能是安静空白处的暗潮汹涌。

　　北欧人对简洁的热爱我们都不陌生，装修风格里的"北欧风"及家具霸主"宜家"，都是在简单中寻求美。在哈默修伊生前极少的采访中，他说过："只要人们愿意张开眼睛，他就会面对这么一个事实：房间里极少的几件好东西比起一堆平庸的东西能让房间更美，更有质量。"当然我们并不会相信他的家里真的会如画中一般空空荡荡，这只是一种审美的追求，一种思想的表达。

　　他的"空"像极了中国文人画中的留白和简化，中国文人画的本质都是在画诗，是"诗"的具象化呈现，而哈默修伊的留白和简化，也恰好让画有了诗意。这种意境是文学的，也是哲学的，也只有简化了的绘画艺术才会有，那些华丽热闹的巴洛克绘画和中国传统的民间版画，是断然没有诗意的。

　　他的离群索居是一种心性，他的社交恐惧成全了他，造就了他。从他室内画呈现的情绪来看，并没有明显的消极感、负面感。虽说他的画中人大多形单影只，但我们其实并不会感觉他表现了孤独，他也没有无人可以交流的无奈，或者如霍珀那种人在都市、人在旅途中的孤单。他也并不丧，他只是安静空间里窸窸窣窣的白噪声，呈现了生活的虚空。所以他是艺术精神上的一种断舍离，是对于艺术探索上的减法和退步。他不表现生活的温暖与烟火，而是深入探究生活的清冷与抽离。

　　不起心，不动念；万籁俱寂，五蕴皆空。

ひがしやま かいい

东山魁夷

爱自我空想的艺术家

ひがしやま かいい

"皎皎白驹，在彼空谷。"

——《诗经·小雅·白驹》

2018 年初冬，我在东京国立新美术馆巧遇东山魁夷诞辰 110 周年特展，也就有机会一次性看到他最精彩的代表作品。

说到日本美术，大家首先会想到浮世绘。浮世绘不只是风格鲜明的民族艺术，也在 19 世纪下半叶深刻影响了西方艺术，催生了"印象主义""表现主义""新艺术运动"……成为西方传统学院艺术走向衰落的重要推手。然而东山魁夷的"日本画"正好相反，是西方艺术反哺日本艺术，是东西方艺术的一种交融。

毫无疑问，《緑響く》（中文译为《绿响》或者《绿色回响》）是展览中最美的作品之一。青色、森林、倒影、白马……这些词语本身所代表的事物就是美的，光是在脑子里把它们拼凑一下，就能想象有多美。最终把这些梦幻的元素在画纸上呈现出来的，就是被誉为最能表现日本美学的画家——东山魁夷。

展览中同时展出的《水边早晨》《青草》《白马森林》《唤春之丘》中，都有同样一匹孤零零的白马，而在网上搜索不难发现，东山魁夷的"白马系列"还有很多幅。画中的白马或者在森林中穿行，或者在水边吃草，或者在田地边漫步，它若有所思、不疾不徐，与青绿色系为主的风景，

■ 东山魁夷

■《白马森林》，1972 年

■《水边早晨》，1972 年

■《青草》，1972 年

■《唤春之丘》，1972 年

■《绿响》，纸本着色，1982 年

构成了一个清晨的梦境。

所有看画的人都会在心里提一个问题：这匹白马到底象征着什么？

东山魁夷在《青色风景》一书中说："这里描绘的白马也好、森林也好，都不是现实中的，而是来自我的空想。那么这匹马表示什么呢？不时有人这样问我。

"我只回答：'白马是我的心愿。'任由看的人想象。"

画家本人告诉你，你觉得它代表什么由你来决定。

没有统一的标准答案，才是艺术的魅力。

东山魁夷长于风景画，他创作题材主要是这么几大类：

第一类是真实的自然风景画（我不叫它"写实风景"）。

这其中可以分为日本的风景和欧美的风景（欧美风景主要是德国和北欧）；而这一类又可以分为完全写实的风景，和由不同地方风景要素组合而成的理想化风景（就是画面的各个部分来自不同的真实地点）。前者可以比喻为"单品咖啡"，后者则如同"拼配咖啡"，展现了画面要素的二度创作。

第二类是京都的城市风景。

主要体现为《京洛四季》组画，主要画小尺幅的古都城市景观，这部分题材有很多

■《岁末》

■《黄山雨过》，1978 年

属于小品画，相对生活化一些。此类画有浓郁的日本元素——建筑、街巷、文化符号，而且有"人"气（其实东山很少画人，但是京都系列画的是人生活的场景，用古都小景来展现人的痕迹——日本人的生活痕迹）。

第三类是中国风景。

一部分是在中国各地写生的风景画，黄山、漓江、丝绸之路等等，画法也吸取了一些中国水墨的技法；另外的一部分则专指《唐招提寺御影堂障壁画》。这组障壁画当然是献给鉴真大师的，画中有来自中国扬州瘦西湖（鉴真故乡）、黄山、桂林等中国名胜，也有未做明确指向的中国山水——《山云》和展现鉴真东渡凶险旅程的大海——《涛声》，东山魁夷花了11年的时间倾尽心血完成这组画，自然是其最重要的作品。所以，尽管这也是"真实的风景"，但无论是题材、风景的特征还是他付出的心血，中国风景系列都可以成为他单独的一类。

第四类可以归类为"心中的风景"。

就是找不到风景原型，而是根据自己多年与风景对话、理解、感悟以及对于日本艺术美学的深刻体会，想象并创造出来的"风景"。"白马"这个系列基本上属于这一大类。

但无论是哪一类，东山魁夷的风景都传递了结合西方艺术特点的日式美学。

我们回过头来看看东山魁夷的人生。

他1908年生于横滨，成长于神户，有一哥一弟，是属于那种容易被忽视的老二。他出生的时代，是明治维新取得空前成功的时代，是先后在中日甲午战争、日俄战争中获胜后，"朝气蓬勃"的"少年"时代，是日本"脱亚入欧"全盘西化的时代。在这样的时代，对西方的仰慕和奋力学习是整个民族最主要的目标，因此学习西方艺术是必然的趋势（当时写实的西方艺术给日本绘画带来很大震动，跟浮世绘影响西方艺术有相似之处）。东山魁夷像大多数青年人一样，1926年考东京美术学校（现

《花明》，1968 年

■《绿色海德堡》，1971 年

东京艺术大学）时，他希望学习油画，但是却被分到了日本画专业。当然，当时的日本画也面临一个如何借鉴西方艺术的问题。

　　1931 年东山魁夷毕业，但他最感兴趣的还是西方艺术，所以他的目标是去欧洲留学。25 岁那年，他登上了去欧洲的轮船。有意思的一点是，他没有去艺术底蕴深厚的意大利，没有去当时如日中天的法国，而是去了相对二线的德国。其主要原因是他比较喜欢古典音乐，也喜欢德国的哲学，所以做出了一个可以让几种愿望"兼得"的选择。在柏林的第一年是学习语言和四处游历写生，第二年正式考取了两年制的政府公费留学，在柏林大学哲学系学习艺术史。然而两年的课业只完成了一半，他

■《湖》

就因为父亲生病，而提前中断学业回国。

在他早期的风景画创作中，我们也能看到他的线条清晰、造型坚实、色彩鲜明，与后来的画风有明显的不同。但是这个时期的画风直白，总让人感觉没什么味道。

回国后的东山魁夷也曾参加各种画展，也获过一些奖，但始终不算太成功。1941年太平洋战争爆发，战争爆发前他哥哥去世，战争过程中父亲去世，而日本逐渐深陷战争泥潭，兵力严重匮乏。1945年7月，37岁"高龄"的东山魁夷也被征兵编入千叶县柏树团，并转到熊本县进行军事训练。当时他还不能预知战争很快就要结束，但是对自己能否生还

■《唐招提寺御影堂障壁画》，1971—1980 年，奈良唐招提寺

却几乎抱着必死的预期。很自然地，眼皮子底下的战争与个人生死密切相连，这也改变了东山魁夷看待风景的目光。

　　有一天，他登上了熊本城天守阁，眺望远处的阿苏的火山，突然间感受到了从来没有过的风景之美的震撼，用他自己的话说是"看到了那生命的光辉的姿影"。这座山在他以往游历过的山水里，算不上多么秀美奇峻，但那一天为何他却前所未有地陶醉其中？他事后思悟道："我发现那风景闪耀着光辉，是因为我再没有绘画的愿望和生存的希望了。我的心变得无比纯粹了。当我清楚地意识到死神即将临近的时刻，心中就会强烈地映出生的影像来。"也就是当他预感将战死沙场时，他以诀别的目光看待风景，却有了完全不同于以往的感受力，这就是所谓的"临终之眼"。

在这 18 年前，日本文豪芥川龙之介（《罗生门》作者）在自杀的遗书中就提到了"临终之眼"的概念；而后来成为东山魁夷好友的，同时也是芥川学生的川端康成（《雪国》《伊豆的舞女》作者）也写过一篇《临终之眼》（川端康成后来也自杀了，日本文坛中有好几位自杀的文豪，比如太宰治、三岛由纪夫）。

川端康成觉得东山魁夷的画很符合"临终之眼"的感觉，也就是用生命尽头的目光来审视风景、感受自然。这与东山魁夷在熊本城天守阁上战争阴霾下自己的"顿悟"是契合的。

当了两个月兵的东山魁夷在日本战败后自然退役，不久之后他的母亲和弟弟去世了。这让东山魁夷的情感承受了可以想见的苦闷与悲伤。他最能用来表达内心的，只有画笔了。在熊本城"临终之眼"改变了他审视风景的目光后，他在 1947 年画出了《残照》，赢得了广泛的赞誉，

■《残照》，1947 年

■ 以上两幅为弗里德里希的作品，收藏于冬宫，供对比参考

这是他第一幅真正意义上的成名作，使他成为最能表现日式美学的画家之一。

这幅山峦风景画，正是我之前提到的"拼配咖啡"，是由不同的山岳组合而成——有当时居住地千叶县的鹿野山九十九谷、有八重岳、有妙高山，当然也有熊本城上"临终之眼"看到阿苏火山给他带来的感动。幽深重叠的山谷，远方却是被阳光照亮的高峰，那是他的深情，或者是他的希望。这样的遥望，看的已经不再是山峰，而是自己的内心。

看《残照》这幅画时，我突然间想到了德国画家弗里德里希，这幅山景画与印象中收藏在冬宫里的他的两幅作品非常像，当然东山魁夷画出了自己的特点。后来，我在俄罗斯旅行的照片中，找到了这两幅画，贴在下面供大家对比。我不知道东山在德国留学时有没有看过弗里德里希类似的山景画，但我想既然是在德国留学，那么对于弗里德里希的艺术，他应该是熟悉的，也应该是看过一些原作的。

不管是"临终之眼"的思悟，还是《残照》的"实践"，都呈现了纯粹的日式美学。美学家大西克礼将日本美学归纳为三个词：物哀、幽玄、侘寂，而在东山魁夷的画里，我们都能够找到它们。

我们来简单说说这三个词：

所谓"物哀"。从字面上来看，有个"哀"字，自是有感伤层面的意思。但他又不是那种呼天抢地的悲伤，是一种淡淡的哀伤。更准确地说，它也不只是"哀"，可能也有喜、有怒、有怨、有惧……是"我"（主体，内在）与"物"（客体，外在）的共振和同情，是一种触景生情，是真情自然的流露。不管好事坏事，有所感就是"物哀"。我经常说，当我看到一幅喜欢的画时，心里总是"忽悠"一下，那种"忽悠"一下的感受，就近似于"物哀"。有悟性有情趣的人，遇到令人感触的事情，便会情动于中而不得不发。

所谓"幽玄"。在汉语中就有这个词，意思是"幽深玄妙"。其实，

■《装扮森林》

■ 霍德勒的风景画

■ 霍德勒的风景画

日语中的这个词基本上就来源于古汉语，意思也差不多。"幽"在汉字中经常表达的是深、远、微弱、暗、隐、静这些意思，"玄"则是黑色、深奥、神秘、奇、妙、寂，两个字组合在一起，主要就是表达一种类似于不直白、不可言说、安静、暗隐不露这样的微妙气氛。我们经常说日本人有"暧昧"的文化特质，这其实也是一种幽玄美学。

所谓"侘寂"。"寂"的汉语意思我们都了解，主要是"静"和"冷清"（寂寞）；在日语中，则更多使用了佛教词语"寂灭""圆寂""涅槃寂静"（三法印）等中的意思——老去、消逝、无常，比较接近汉语词"枯寂"中的"寂"；我们之前提到"临终之眼"的临终，就跟"侘寂"中的"寂"很类似。"侘"的意思则非常日本，来自日本茶圣千利休，他反感奢华铺张的茶会，从而创造了一种粗糙质朴结合修行的优雅茶道。

侘寂就是基于一种虚空价值观的克制美学。

我们在日本国宝文物中经常看到造型"歪七扭八"的粗陶茶碗，另外日本茶室通常都是极小极矮的"草庐"，其实这都是遵循了侘寂美学——造型是粗陋简朴的，内涵却是清高完美的。日本庭园中的"枯山水"景观、樱花如雨点一样凋落飘零、日本的死亡美学……这些都是"侘寂"之美的实例。另外，我们熟悉的无印良品、优衣库等简约化的日本设计，还有日本人近几年倡导对生活物品"断舍离"的思想，如果追根溯源，也都是"侘寂"。

我们回过头来再看《绿响》。一片青色的森林，一面平静无痕的湖水，天色是暗哑的，森林是幽深的，水面是静谧的。一匹白马，不知从何而来？也不知会去向何处？它在湖岸逡巡，水面映出它单纯的倒影。它没戴马具，也没有呈现惯常的奔跑动态，显然并不具体指向真实生活中作为动物的马，而是美学和精神性的作为象征的马。画面的形象是具体的，但画的内容和主题是含混和抽象的。整个场景像是一个无声的童话秘境，表达着一种形而上的幻象。

在其中我们不难找到"物哀"——从心而发的触动、"诗为心声、画为心境"；找到"幽玄"——幽深的森林和湖水、朦胧的倒影、神秘的白马、无法言说的主题；找到"侘寂"——倏忽不见的易逝感、素简但却含蓄优美的用色和笔触。

在汉语中，成语"白驹过隙"就是表达光阴易逝的概念，《庄子·知北游》里说："人生天地之间，若白驹之过隙，忽然而已。"不知道日语中是否也有这个成语，而东山魁夷是否用白马来表达这种"稍纵即逝"的隐喻？无论真正的答案是什么，我感觉用"白驹过隙"的意味来理解东山画中的"白马"，倒也是很合适的。

东山魁夷的风景画中有很多固定要素——倒影、森林、云、雾、烟、雪、月光、白马等比较"幽玄"的元素，他喜欢用不饱和色［最喜欢青色（蓝绿色）、灰色〕，柔和又素净的笔触、简洁克制的构图。

而且他的画中基本没有人，即使是京都街巷这种人居环境题材，他也很少画人（白马是它风景画中唯一经常出现的活物）。东山魁夷说："我的画里从来没有人出现，我的画从来都是自然，我为什么不画人？是因为我本身就是以一个人的状态去看这个世界，我的眼睛就足以能够和这个世界融为一体，和自然融为一体。"从一个看画人的角度，我觉得没有人既避免了喧嚣感，也避免了烟火气，更主要的是，他需要的是艺术的"虚"，而不是现世的"实"。

在当年不得以中断留学，离开德国近 30 年后，他又重返欧洲，用他已经成熟的"日本式美学"画风，来绘制北欧的山水和城市，这一系列也是他非常重要的作品。当然，风景中依然没有人。

东山魁夷还是个散文大家，他的文字与绘画风格一致，情景交融、淡雅隽永。散文《我们的风景》入选人教版中学语文教材，散文《一片树叶》也曾作为高考阅读题。应该算是日本文学界里最会画画的、绘画界里最会写文章的人了。

再扯开一点，东山魁夷在学习了西方的艺术之后，呈现了日本的美，堪称将东西方艺术融会贯通的典范。那么，中国有没有这样的画家呢？我想了又想，感觉先后跟随林风眠、常书鸿和潘天寿学画并曾留学法国的吴冠中，差不多是这样的一位画家。他的《狮子林》《双燕图》都是融合了东西方美学的代表作，而且有意思的是，吴老也是位能画又能写的散文家。

Rene Magritte

马格利特

化身苹果先生的礼帽画家

Rene Magritte

苹果是一个神奇的水果，它不仅在神话世界的伊甸园里开启了人类的混沌，还实实在在砸出了万有引力定律，在当下的世界，它还是一部风靡全球的手机，是影响世界的科技公司。

在艺术界，也有两只苹果深刻地影响后世：一只来自塞尚，它硬硬的、圆圆的几何形体，打开了现代艺术的潘多拉魔盒；还有一只挡住戴礼帽绅士的脸孔，用谜一样的"情节"，还原了一场超现实主义的梦，它来自比利时画家——雷内·马格利特（Rene Magritte，1898—1967）。

用马格利特的《人之子》做我的主播以及微信头像已经很久了，最初也并没有明确的动机，只是觉得好玩。可是用久的头像，也会与人建立千丝万缕的联系。我曾经换过头像，但是被几个好友强力劝回，也许在他们的心里，这个苹果礼帽先生似乎已经化身为我，或者比"我"更像我。

我曾经非常理性地探究，我选择他作为头像的潜意识，然后惊奇地发现确实不能说是完全的"无意为之"。

他的形象是刻板的，刻板到几乎是一个人的证件照，还有什么比"证件照"更符合"头像"的定义呢？他身体笔直，构图对称，不苟言笑没有表情——苹果当然没有表情——他穿着西装、戴着礼帽，是（当时）都市中产的典型服饰，也是大街上千千万万个复制粘贴出来的没有个性的你和我。

■ 马格利特

■《戴圆顶礼帽的男子》

■《人之子》（左页图）

这幅画唯一具有想象空间的是遮挡住脸的青苹果。我们姑且不做考据，先从画面本身来提出疑问：为什么要挡住脸？为什么是在一个"证件照"里挡住了唯一具有识别功能的脸？为什么用青苹果来遮挡？苹果是怎么挡住脸的？如果这是个动态的瞬间，我们可以认为这是砸到脸上的苹果，那么砸中的部位应该是鼻子，被砸时会不会过于酸爽？如果这是静态的，苹果为何在没有任何支撑的情况下固定在面前？被咬住了？位置不对啊？

如果你产生了这些疑问，那么这些疑问以及你内心的解答，就是这幅画给你的全部信息，是的，这幅画的答案在每一个观看者的心里。

挡住脸，当然就是不想让你"看到"我。挡住了最具识别功能的面部，再配上白领或者中产的标志性"行头"，以及几近工业化、标准化的"证件照"构图……他就不再是具体的一个人，而是从千千万万个写字间里抽象出的一个人，赋予他代表性、典型性。所以他"谁"都不是，所以他谁都是。他是他，是你，也是我。

挡住脸，还有一点就是不想让你"了解"我。我们都说，人的表情、眼神，无疑会暴露内心的世界，而被人看到也就有被别人"读取"的可能，但是对于一部分人来说，被人读取是不安的，这些人也许深埋着自己的情感不想外露，也许还有怕被人误读的焦虑。索性，你们就别"猜"我了，因为，可能我"本人"都猜不准我自己。

马格利特还有一幅画，无数礼帽西装男像雨点一样从天而降，前后、远近、成千上万，而地面是那种不具识别性的最普通的住宅楼，虽然这里的礼帽西装男并没有隐去面孔，但本质上是从另一个角度来诠释和呈现这一时代的典型形象。

至于为什么有人会选择他作为头像，我问了当事人之一——我自己，得到的答案是：这是一个"非头像"的"头像"，他近乎证件照，但却隐去了面孔，他有头像的"形"，却没有头像的"实"。社交媒体时代，微信上的"好友"，会有很多并非真实意义的好友，甚至都不曾见过面。认识你的你也不用展现真面孔，而那些因种种原因加了"好友"的人，有些人更希望保持那份陌生所带来的安全感、舒适感、私密感。其实，大多数人的微信头像不用自己的照片。

以影像声音为媒介的自媒体时代，对于部分人来说隐身似乎也是某种刚需，包括很多大V。他们想让你看到，但又不想让你"看到"——著名的乐评人耳帝、著名的影评人波米，都是只见其文，或者只闻其声，但就是不见其人、不知其名的隐身大V。他们只以自己的专业示人，不让受众消费他们身上不属于专业领域的任何元素，包括"颜"，包括自己的真实身份，这有可能是有隐身的切实需求，也有可能是某种程度的

■《戈尔孔达》

■《情侣》

清高——咱卖艺不卖身；这也可能是一种自信，即使真实的"我"有无数光环，只要和我想展示的专业不相关，我都会毫不犹豫地抛掉它们，我只寻求你们最真实的认可。

当然，也有一种可能是对颜值没信心，毕竟粉丝们的热爱其实都很脆弱，万一颜值不合大家的口味，哗哗掉粉，那也是挺伤自尊的不是？

好像有点扯远了，再回到画面本身，接着探究那些疑问——为什么是青苹果？

这个也没有确切的答案，因为在马格利特画的"无脸人"系列中，挡住脸的不只有青苹果，也有鸽子，也有烟斗，也有白布，或者转过身去以后背示人，或者干脆就不画脸，留下一片透明的虚空。总之，我不想让你看到我，或者我也有点不想看到你。

当然，这里面最有名的、最能让人有感的——还是"青苹果"。酸脆的青苹果带给人的想象空间更大、更有趣。这也成了马格利特绘画的经典标志物之一。

至于苹果为什么没有支撑就可以悬停在空中？那是因为，这本来就是个梦，而梦里，一切皆有可能。

马格利特的绘画属于超现实主义流派，而超现实主义就是要把梦画出来，就如同你一觉醒来，跟你的家人讲述你的梦境，是一个意思。当然，很多自以为失眠的人，其实只是在做着清醒的梦而不自知。

梦对于人类来说一直是个谜，我们中国人似乎很喜欢从梦中找到命运的痕迹、对未来的预知，所以才有《周公解梦》；老外弗洛伊德用科学的思想发现了蛛丝马迹，以梦的解析来挖掘无意识、潜意识，来寻求"本我"，帮你认识你自己。

超现实主义流派诞生于弗洛伊德理论之后，起步于达达主义思潮，兴盛于两次世界大战之间，最明确的流派思想定格于1924年布勒东的《超现实主义宣言》。

自从塞尚开启了现代艺术时代，艺术已经从再现真实、文学化诠释，到真正思考艺术本身，并进一步思考形式与内容的关系，进一步思想化、观念化、哲学化，结合时代的主流思潮，便会形成与之匹配的艺术流派。超现实主义，应该是与思想连接最紧密的艺术流派之一。

众所周知的达利，也在超现实主义的浪潮中画着自己的梦，追求画出无意识和潜意识——然而弗洛伊德并不买账，他曾如此评价达利："我在你的图画中找到的，不是无意识而是有意识。"不过超现实主义并不需要弗洛伊德的盖章认证，艺术之于心理学，有它自己的表达逻辑。

20世纪艺术界的最大咖毕加索，也有相当多的超现实主义作品助力这个流派，其他的大师还有契里柯、米罗、恩斯特。直到现在，超现实主义依然是很多画家热衷的风格，不得不承认，这种"云山雾罩"的主题，

■《印花》

有一种迷之趣味。

说回苹果先生，与浮夸高调的达利相比，比利时的马格利特则是跟他画的"无脸人"一样低调深刻，他的画总是宁静的、沉默的、理性的、古典的。

"无脸人"给每个人带来的感受和思考是不同的，但是之于他的创造者马格利特，则实实在在是一番非常伤感的回忆。

小时候，他的父亲是个裁缝，而母亲则是帽子店的销售员（我不知道这跟画面中出现的礼帽和西装大衣有没有关系，但至少这都是他熟悉的元素）。在 14 岁时，他的母亲不知为何投河自尽，当母亲的尸体被捞上岸后，少年马格利特看到母亲的脸上被布遮挡着，这一幕深深印在他的脑海里，成为他最难解脱的梦魇。也许在自我探究潜意识的过程中，他找到了这个来自童年的意象，把它变成了自己绘画的典型形象。而帽子，则是给人一种安全感的物体。有些强迫症患者，是要一直戴着帽子的。所以，礼帽似乎也是潜意识中的另一个意象。据说马格利特不太承认"无脸人形象"是出自"母亲投河"这个原因，但是，他的画比他的语言更诚实，看来他的潜意识并没有浮出水面。

还有，看照片就知道了，马格利特本人日常就是穿西装、戴礼帽的打扮，所以，那个不能识别的苹果先生，其实也是一幅很特别的"自画像"。

当然，细心的你一定会发现，他画的"无脸人"也不都是彻底把脸挡住的，最著名的这幅《人之子》的青苹果后，就露出了一只"偷窥"你的眼睛，这个眼睛在看什么？想表达什么？我想，就请所有的观看者自己去感受、思考和想象吧！

■ 拍自布鲁塞尔马格利特故居

■ 拍自布鲁塞尔马格利特故居

Egon Schiele

席勒

饱受争议的鬼魅画家

Egon Schiele

2019 年维也纳之行的最大收获之一，是看到了非常多的席勒的作品，因为，他的画在奥地利以外的其他地方很少看到。并且，利奥波德美术馆的收藏又多又好，他最精彩的自画像和风景画系列大多在这里；美景宫也有不少，收藏有代表作《死神与少女》，也有他"后期"较为温和的几幅。

集中看原作的最大好处就是能够快速了解一个艺术家的风格。很多人在欣赏艺术时会对艺术家的风格和它好在哪里不甚了解。其实，如果你觉得某个画家的风格你看不懂，那是因为他的作品你看得不够多；如果某个画家的风格"好在哪里"你看不出来，那是因为你对别的画家的作品看得不够多。艺术欣赏的"捷径"不是去死记硬背艺术史，而是要多看，并且尽量看原作。

埃贡·席勒（Egon Schiele）是一个饱受争议的奥地利画家，他早慧、早熟、早逝，在世时已经小有成绩，一度被认为是克里姆特的衣钵继承者。但在克里姆特死于西班牙大流感的半年多后，他也因为同样的瘟疫去世了。可能是因为"继承"衣钵的时间过短，死后很快就被淹没，在艺术圈里沉寂了很久。1950 年，维也纳收藏家、眼科医生鲁道夫·利奥波德（Rudolf Leopold）重新发现了他，便开始大规模收藏他的画作，直到 20 世纪 70 年代，利奥波德出版了席勒的作品目录，他才重新被世界艺术界认可。利奥波德收藏的这 220 多件席勒画作也成为 2001 年

■ 席勒自画像

建成的利奥波德美术馆的核心藏品，某种意义上，这个馆就是为埃贡·席勒而建。

从画派的地域性来说，埃贡·席勒属于克里姆特领导的"维也纳分离派"；从艺术风格来说，他属于"表现主义"。那么，何为"表现主义"呢？表现主义就是强调绘画从心出发，表现画家的主观情绪和心理感受，造型和色彩并不写实，而是变成了画家表达心情和哲思的工具，经常使用夸张、变形、扭曲和荒诞等手法或元素。表现主义以表达恐惧、混乱、焦虑、悲观、惊悚、伤感等负面情绪为多，如我们熟悉的梵高、蒙克、劳特累克、克里姆特都属于广义范畴里的表现主义。

奥地利拍过一部传记电影叫《埃贡·席勒：死神与少女》，影片拍得不错，但是演主角的演员个人觉得不是太合适。出演席勒的演员虽然很帅，但他没有席勒身上所具有的那种酷酷的、痞痞的劲儿，也明显缺乏一种艺术家气质。

看过埃贡·席勒照片的人都不得不承认，他非常帅，小时候的席勒，更可以说是个标准的美少年。但是，他的眼神里始终有着阴郁之气。这些"阴郁之气"在他的自画像中，弥散到了全身，变成了"鬼魅之态"。我本人最喜欢他的作品主题，就是自画像系列，这些作品给观者情感的冲击力最大，是利奥波德美术馆里最吸引人的作品。

埃贡·席勒的自画像："鬼魔鬼样"的人

他创作的前期画自画像比较多，如果要做个分类的话，可以分成头像自画像、裸体自画像和双重自画像。

画自画像的画家不在少数，有些画家更是把自画像画成了代表作和"自传"，其中我们最熟悉的自画像大家是丢勒、伦勃朗和梵高。刚接触艺术时，我以为爱画自画像的人应该是比较自恋的，看得多了也就知

■ 席勒

道大多数情况下并非如此。一个很主要的技术原因是"练习"，画自己省钱，不用雇模特，也可以想画就画，没有时间约束，同时也不像"订件肖像画"那样，需要根据雇主的要求进行"毫无PS痕迹"的美化，大可以实实在在地画，无须讨好谁。

伦勃朗的很多自画像更是非常注重精神性，诚恳地留下了自己不同时期的人生际遇。这种对于"自我"的认识和探索，在席勒身上得到了极致的发挥——当然，这种对于自我认知的专注，广义上也应该算是一种"自恋"。

席勒在自画像领域的大胆深入，是有时代背景的。毕竟，那时弗洛伊德的本能理论、人格结构理论（本我、自我、超我）已经产生了，思想领域的学术成果，自然也会传递到艺术领域，更何况，弗洛伊德与席勒都在同一座城市——维也纳。

如果我们用"一眼识别"的方式来总结席勒的"画风"，那就是——他把人都画成了"鬼"——这是非常"表现主义"的（蒙克笔下的人物也有类似的感觉），他画的自己甚至更像鬼——扭曲的姿态、狰狞的表情、嶙峋的身体、修长的手指、暗淡的色彩、旋涡的笔触……整个人都充溢着一种带有死亡气质的颓靡，将人本性的"阴暗面"给予了充分的外化。

这些人物形象来源于爪哇皮影戏，而肢体语言则借鉴了舞蹈，扭曲夸张的姿态则学习了日本浮世绘（春画）……从其他领域汲取灵感，已经成为艺术创新很重要的手段。他还去医院观察病人和死人，去精神病院观察精神病患者，虽然是"表现主义"，但他的创作依然来自生活。

拿这幅 20 岁时的作品《坐姿裸男（自画像）》来说：画中的"自己"瘦骨嶙峋，黑黄枯瘦的皮肤更像是尸体，没有脚，也看不到手，用很别扭的姿势抱着头，似乎是在表达痛苦或者是缺乏安全感。眼睛很空洞，但画成了红色，同样画成红色的还有乳头和性器官。乳房的部分很圆，像是女人的特征，头部是抱紧的，性器官却是撇开腿袒露着，而且很接近画面的中心。虽名为"坐像"但没有画凳子，人悬在空中，有着强烈的不稳定感，背景是一片虚无，裸体孤零零地斜歪着，孤独且不安。画面的线条犀利、色彩阴沉，加之黑色的画框，像是困住肉体的牢笼——他似乎剥去了表象，抵达了人性的底层。这样的画，用的不像是画笔，而是解剖刀。

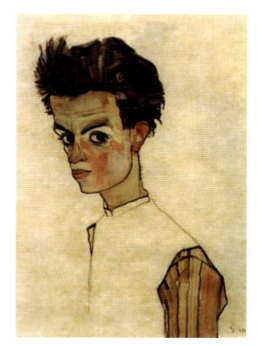

在美景宫出版的一本小册子上，研究人员认为："在席勒强调寻求自我的过程中，尤其是在 1910 年至 1911 年期间，寻找完全一样的自己，一直根植于他的脑海中，寻求自己的极限，对自己的形态进行研究，寻找另一个自己。"这相当于以艺术的角度，去探索和研究 "人格的同

■ 席勒自画像，1910 年

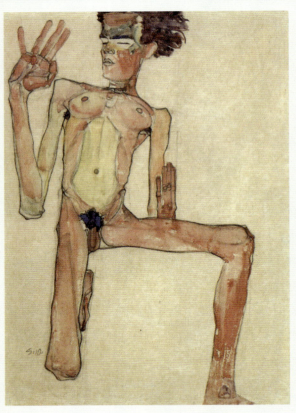

■《跪姿自画像》，1910 年

■ 席勒自画像

■《低着头的自画像》，1912 年

■《坐姿裸男（自画像）》，1910 年

一性"理论，同一时期，弗洛伊德正从心理学上对此研究。

席勒说："如果我将自己作为一个整体来看待，我会看到我自己，知道自己想要什么，但不仅仅是发生在我身上的，而且还包括以我本身的能力所能看到的东西，这也是我的一部分，形成我神秘物质的部分，到现在为止我所意识到的部分，对自己深入了解的部分。"

席勒生于离维也纳不算太远的图尔恩（Tulln），爸爸是图尔恩火车站的站长，他家就住在火车站的二楼。15 岁时，席勒的父亲去世，给了他很大的冲击。"死亡"一直是他作品中挥之不去的气息和主题。这也是他总是把人画成"鬼模鬼样"的原因之一——所有活着的生命中，都包含着死亡的本质。他很喜欢一句话："万物都是活着的行尸走肉。"

还要补充的一点是，他本人亲历了第一次世界大战，这也是"死亡"主题的重要来源之一。

他的自画像有个很经典、很"席勒"的特点，就是手部通常画得很长、手指近似指骨且分开、指关节突出、手部指向画面一侧（不会画成指向前方的"前缩距透视法"），看起来不仅古怪，还像是某种神秘的手势（他在拍照时，也会做出类似的手部姿势）。这样的画法一方面是形成了标签式的细节，另一方面则与"病态"的面部一起形成了特殊的"语言"。

与以往画家的不同之处在于，他还画裸体的自画像，裸体的他摆出各种"奇奇怪怪"的姿势。有一些裸体自画像中，他毫不掩饰自己的私处，劈开腿把"它"展示出来，甚至用另类的颜色去突出"它"的存在，再猛一些，他甚至会画下"孤独的性"——"自慰"。这种裸露器官的自画像，也正是他另一个重要的绘画主题——性，在自画像中这样大胆地表达"性"，在任何时代都是非常惊人的，还很有可能会被扣上"露阴癖"的帽子。当然，即使画家真的有某种心理障碍，我们既可以认为这是一种性的坦荡，也可以把这些举动解读为挑衅——让性器官直面看画

■《死神与少女》，1915 年

的人——"我不怕你，我藐视你"，在艺术领域，这样的表达可以被包容。

　　他还画双重自画像，在同一画面上，同一人物的两个或多个形象保持一致或者和谐共生。虽然他会将其中一个人像命名为"先知"或"死神"，实质上两者是生与死的一体两面，"死神"（先知）从身后揽住前面的"自己"，是宿命，是必然。有的双重自画像，甚至给人一种同性恋的感觉；两个"自我"相拥，当然也可以解读为那喀索斯情结——"自恋"。从这个角度看，我们似乎还可以从双重人格的角度来解读这种自画像。有人认为，席勒的自画像是一种青春期艺术，很多青春期艺术都带有自传属性。

当下，随着数码相机和手机拍照的普及，我们不会怀疑一点——有一些人自拍裸体——这显然比用绘画容易多了，这是一种对自己身体的探索，也是一种"自恋"，更是利用影像工具在性心理上获取刺激和满足的手段。这样说来，席勒只是一个走在时代前面的人。

其实，他很多的自画像，从"外形"上已经不怎么像他了，所以很多自画像并不一定是对着自己的形体写生，而是对着自己的内心写生。埃贡·席勒的画如同心理学的词典一样，阐述的心理学现象是丰富、直白而又深刻的。

不知道是因为他与死神太过"亲昵"，还是冥冥之中的造化弄人，"鬼魅少年"埃贡·席勒 28 岁就告别人间了。

■《自我预言者（死亡与男人）》，1911 年

提到维也纳，大家首先想到的是金色大厅新年音乐会，想到的是古典音乐圣地，其实维也纳除了优雅贵气的一面，还有其生猛的一面，这里曾是出了名的"性都"。根据资料记载，1908年时，维也纳曾有5万名卖淫女。所以，这里出了着迷于性题材的克里姆特、席勒，也出了对于性有着深入思考的"弗洛伊德"。

"性"和"死亡"是席勒一直创作的主题，恰好也应和了弗洛伊德的"生本能"与"死本能"理论，席勒的画是这两种本能的统一。

席勒少年时就曾经在性方面表现出很强的欲望，甚至有个传闻说他曾经对自己的妹妹产生过性冲动，电影《埃贡·席勒：死神与少女》很含蓄地暗示了这一点。

他16岁时考到了维也纳艺术学院（希特勒是席勒的同级考生，差一点就成了席勒的同学，但因为天资平庸考两次都没被录取），在学校里跟随克里姆特学画，"性""死亡""生命"也是老师最爱的主题，这些偏好自然也影响了席勒。在校期间，他还认识了另一位奥地利大师——柯克西卡，并看过梵高、蒙克等人的画展。在艺术风格上，他一开始还是模仿老师克里姆特——装饰性强、表达含蓄、注重美感……但很快他就找到了个人的风格，他笔下的"性"和"死亡"更加直接、更加扭曲、更加黑暗、更加生猛、更加不安——如同一头发了情的困兽，他对欲望的表达毫不掩饰。

克里姆特非常欣赏席勒，不仅常带着他一起创作、帮他介绍画商，甚至跟他交换画作，后来还把自己17岁的模特维拉妮（沃利）·诺依齐［Valerie（Wally）Neuzil］介绍给21岁的席勒——据说沃利原本也是克里姆特的情人。沃利很快与席勒陷入爱河，两个人前往席勒母亲的故乡克鲁姆洛夫（Cesky Krumlov现属捷克，即是著名的旅游胜地CK小镇），没过多久他们因为画少女模特"不检点"被赶走，随即搬到维也

■《斜卧的女人》，1917 年

纳西部的小镇纽伦巴赫（Neulengbach），在这里继续"不检点"的席勒又惹上了著名的官司——因为"诱拐一名 14 岁未成年少女"而被拘捕，并被没收了 126 幅"色情画作"。最终，"诱拐"的罪名没有成立，但是因为未成年人可以进入的画室内有 "色情画作"，而被判入狱 3 天，加上之前已羁押 21 天，一共坐了 24 天牢。虽没有严重的后果，但也成了他一生的"丑闻"。

毫无疑问，这个官司与"性"有关，也与"未成年人"有关，有人就把席勒跟"恋童癖"联系起来。我个人觉得，"恋童"这个标签贴得不是太准确，如果他是个老男人，也许还可以这么说。大家不要忘了，惹官司的时候，席勒本人也才 21 岁，刚踏过成年线没多久，青春期还没彻底结束，按现在的说法也就是个"大男孩"，他找的未成年模特也都是少女，算起来他能比那些模特大多少？虽然画未成年人裸体违背了伦理风俗，也有超越法律红线之嫌，但这算不上太大的年龄差，跟我们一般意义上理解的"恋童"概念不是一回事。

另外，父亲当年的死就是因为患了性病——梅毒，在那个时代，梅毒是会死人的。父亲的死亡给了他很大的影响，除了丧父之痛，还有就是将"性"与"死亡"联系在了一起——那个你以为去向天堂的欢愉，其实带你走向了地狱——所以，性与死亡这两个主题就在他的绘画中永远纠缠在一起。有人分析，梅毒在身体表面的症状也应该给席勒留下了深刻的印象，所以他画的裸体，大多有着粗粝和有棱角的线条、坚硬且震颤的笔触、凌乱且不安的色彩——这些看起来都像是人身体上的伤口，而造型是扭曲的、嶙峋或臃肿的、变形的，总之不会是健康的，再加上诡异的手势……这都是很有表现力的手法。这些手法始终在表达着他对于性、疾病和死亡的理解。

席勒画两个人的性——做爱，也画一个人的性——自慰，除了在之前介绍过属于男人的自画像版"自慰"外，他也画女人的自慰；另外，席勒有时候会画雌雄同体或者无法分辨雌雄的人像，包括自画像里也有女性的特征，他还画了很多女同性恋的亲昵场景。在"性"这个主题上，埃贡·席勒绘画的题材与形式非常丰富。

因为大胆地表现"性"，而且是赤裸裸的性，所以他被斥为"色情画家"而饱受批评，他死后有很长一段时间，消失在主流艺术的视野里。按照现在的概念来看，他的画其实不太"色情"，大范围可以归入"情色"的范畴。"色情"的作品是诱发观看者的性冲动，没有也不追求其他的效用；而"情色"的作品虽然也描绘性活动，但刺激观者的感觉要大大弱于引发观者的思考。毫无疑问，埃贡·席勒的作品是偏向后者的，他用直白甚至夸大的描绘，来直面人性中的爱欲深渊。

他画的"性"不算太"欲"，不呈现肌肤的欢愉，也不容易刺激观看者的身体冲动，相反，它们总是给人一种很丧的感觉，甚至是一种濒死的感觉。在中文的语境里，用来形容男欢女爱有个词叫"欲仙欲死"，也就是说高潮体验时，会有一种"要死了"的感受，而沉浸在性的过程中，就会有"赴死"的感觉。虽说这个词用来解释席勒的画不算特别恰当，但他的画确实呈现了这种"赴死"之感，或者是性爱前的焦虑、性爱后的茫然……然后又加上了对于生命、性和死亡那种很丧、很颓的态度。

这让我想起了意大利雕塑家贝尼尼的名作《圣特雷萨的沉迷》，躺在云上的圣特雷萨就是两眼轻合、嘴唇微张、面色苍白、神情涣散、脚趾甚至有微微的翘起——整个人沉醉且迷离。艺术界里有相当多的评论家对这个表情的解读就是，她表现了"性高潮"，当然宗教界的人不认可这样的解读，他们说那是对上帝的爱。

还有雕塑家罗丹，不知道埃贡·席勒有没有看过罗丹的雕塑，罗丹也是喜欢表现"性"的艺术家。罗丹有大量的裸体雕塑，扭动的身体摆出各种"奇奇怪怪"的姿态，很多姿态让人联想到性，但他有时候会给雕塑起一些低调的名字，去中和雕塑中赤裸裸的姿态。他的著名雕塑《青铜时代》，看起来很像是男性高潮过后的身体陷入一种空洞感的样子。

罗丹和席勒有个共同的工作方式，他们让模特们光着身体在画室里走来走去、做出各种姿态，然后他们在一旁观察，捕捉他们认为最有表现力的一瞬。

■ 穿条纹裙子的埃迪特（席勒妻子），1915 年

■ 《拥抱在一起的两个裸体女孩》，1914 年

席勒对"色情画家"的批评也曾回击："否认性的人才是真正的淫秽，因为他们以最下作的方式侮辱了生他们的父母。"

当然，裸露也不都意味着性，古希腊、古罗马时期就用裸体来体现身体美学。利奥波德美术馆 2012 年 10 月举办"1800 年至今裸体男子"展览，集中了 300 多件表现男性裸体的油画、照片、素描和雕塑，这一展览对于赤裸或者仅穿泳装的观众免费，这一政策引发了很大的轰动和争议，这也成了利奥波德美术馆建馆以来最成功的一次展览。

埃贡·席勒的风景画：现代且不落俗套

他的风景画也很有特色。即使你不喜欢他画的"鬼魔鬼样"的人，也会喜欢他的风景画。

他在风景画中，也总是使用黑灰黄等颜色作为基调，这与他的人像画是有共同之处的，不同的地方在于，在总的色调一致的基础上，他喜欢把屋顶、墙壁、街道、小河都画成五颜六色的几何色块，不是抽象画，但有抽象画的简约之美。他特别爱画房屋的外墙壁、屋外晾晒的衣服（洗衣房系列）、爱画母亲的故乡美丽的克鲁姆洛夫（CK 小镇）——各种色彩搭配在一起，像音符一样，和谐而又灵动，非常美。而且，他的风景画虽然也主打暗色调，但大多数给人的感觉并不晦暗，而是像童话世界一样，画风非常适合改成动画片。

他的风景画借鉴了瑞士画家霍德勒的风格，也有老师克里姆特的影子，很具装饰性，现代且不落俗套。我去奥地利旅行时，在萨尔茨堡居住的酒店房间里，就用了席勒的风景画来装饰，效果很好。

有一个有趣的小细节也要提一下。席勒很喜欢把签名画成一个类似于中国印章的样子。

■《青铜时代》（局部），罗丹

■ "1800年至今裸体男子"展览

■《圣特雷萨的沉迷》，贝尼尼

席勒很喜欢用"拥抱"来表现情感，比如他的代表作之一《死神与少女》。

席勒在官司结束后不久，带着沃利回到维也纳。后来他认识了工作室对面楼的一对姐妹——她们来自一个中产阶级家庭，显然比作为职业绘画模特的沃利地位要高很多。席勒于1915年决定与姐妹俩中的妹妹埃迪特（Edith Harms）结婚。至于"老情人"沃利，他写信给她，希望继续与她保持着情人关系。沃利并没有被爱情绑架，她毅然决然地离开了他，去第一次世界大战的战场担任了随军护士。

在沃利离开的那年，席勒创作了《男人与女人》。画面上的两个人，其实就是他自己（死神）和沃利（少女）。画面中，两个人似乎躺在一些岩石上，岩石看起来也像是赤裸的肉身，岩石缝隙里长出黑色的杂草，两人身下则是白色的床单。两个人都穿着衣服，并没有惯常的性爱，拥抱也只有上身接触，女人看起来比较主动，男人略有些被动，他的腿甚至伸出了床单，而眼睛有点心不在焉地看向画外。

女人的手臂大部分被男人的衣袖挡住，露在外面的部分，看起来像骨骼一样细，男子的手还是席勒最经典的长手指、粗关节、指向一侧的诡异手势。整个画面的颜色暗且线条凌乱，两个人看起来都很病态、绝望……整幅画看起来如同一曲爱情的挽歌，是对他与沃利情感终结的缅怀。

1917年，他收到了沃利因感染猩红热而死的消息，他立即就把要参加展览的《男人与女人》改名为《死神与少女》，他画了那么久的"死亡"，在他爱过的女人身上应验了。不过，死神并没有马上走掉，更多的"死亡"等着他。

■《河边的屋子》，1915 年

一幅带有"诅咒"般的遗像

也许逐渐在艺术圈站稳脚跟，使得他的世界观发生了变化，促使席勒的"叛逆性"减弱，所以他才会决定选择一个更"适合"的人步入婚姻，享受稳定的家庭生活。结婚仅短短的三天，他就被征召入伍，参加第一次世界大战。因为本身的才华，他只在维也纳附近的俄罗斯战俘营里负责一些文职性的工作，其间还可以在工作之余继续创作。

我们从埃贡·席勒这段时间的行为和作品感觉到，他变了，变得更加像一个"常人"。结婚对于埃贡·席勒是个标志性的转折，婚后绘画风格发生了很明显的转变，当然，他真正的缪斯女神沃利离他而去也是重要的原因之一，再也没有懂他的模特激发他的创作灵感了。他画中的妻子不是那种深陷欲望的裸女，而是衣饰鲜亮、举止得体的淑女，他的画减少了绝望和躁动，画面的犀利感减少了、完成度提高了、颜色更丰富鲜亮了、装饰意味更强了，甚至不再把他一直关注的"死亡"和"性"作为主题。从世俗的观念来看，他的画更为温和、主流，更容易为大众接受，当然也就少了锐度和力度。

1918 年，他画下了《家》，原本只画了他和妻子埃迪特的裸体，画的过程中听说妻子怀孕了，他又在画面上添了一个可爱的孩子，变成了赞美家庭价值的"全家福"。这幅画一反席勒对于生命悲观绝望的常态，前所未有地"温馨"和"好看"。

我记得自己看到这幅画时，一时间产生了很复杂的感受：有感动、有难过，也有很大的遗憾。

感动的是，他似乎从男孩长成了男人，在画里表达为人夫、为人父的责任感，一个曾经的叛逆小子，开始在乎天伦之乐了。

难过的是，这幅画是一幅带有诅咒般的"遗像"——还记得我说过"死

神"并没有走远吗？ 1918 年发生了全球性的瘟疫"西班牙流感"，老师克里姆特因感染瘟疫于当年 2 月份去世，席勒还亲自给他写了讣告，待到深秋时，他怀着孩子的妻子埃迪特因感染流感去世，三天之后，席勒也死于同一传染病。也就是说，这幅假想的"全家福"，仅存于想象的世界，并没有来得及成为现世的、真实存在过的一幕。

遗憾的是，席勒晚期的画作随着他的心性和艺术的双重成熟，而走向了"衰落"。它们开始"好看"了，不再"激怒"大众了，主题变得世俗而又平庸起来，当然也就不再表现欲望的挣扎和人性的深渊。这样的埃贡·席勒可能会有更多的受众，可能会有更多商业上的成功，甚至有可能从千夫所指的"渣男"变成人见人爱的"暖男"……但那再也不是震撼过我们的席勒了。

席勒画了"一辈子"的死神这时候出现了，他似乎也不满意席勒与他渐行渐远，他决绝地结束了席勒的年轻生命，定格了自己在他作品中的"崇高"地位。

是的，死，才是永恒。

■《家》，1918 年

Hopper

霍珀

处在故事边缘的孤独艺术家

Hopper

　　熟悉我的朋友都知道，我是画家霍珀的"脑残粉"——就是无差别地喜欢他所有的作品，与知名度无关、与艺术史无关、与风格流派无关。霍珀的画几乎映照了我对世界、对人生的全部理解，他让我意识到了艺术最大的价值不止于观赏，而更在于通向人心。

　　从时代来划分，爱德华·霍珀（Edward Hopper，1882—1967）是一位美国"现代"画家，但是他的艺术并不属于"现代艺术"——他内容写实、画法老套，既不表现，也不抽象，没有技法的创新、没有审美的革命，就是那种老老实实、普普通通的画……在现代艺术狂飙突进的时代，他显得很不时髦。不过他还是找到了他自己的绘画语言，悄悄地讲述他对世界冷静的审视和深刻的感知。

　　霍珀绘画的第一个关键词是"旅途"。

　　他画的很多场景都似乎是在路上——酒店、公路、火车、加油站、咖啡馆、街道、路灯、橱窗……其中，酒店似乎是他的最爱。2019 年 10 月，弗吉尼亚美术博物馆（VMFA）举办了一场名为《爱德华·霍珀和美国酒店》的专题展。他不厌其烦地画酒店的大门、大堂、房间、床、沙发，那些只为过客准备的简单家具，千篇一律的房间布置，以及模式化的居住环境，尤其是非常美国化的"汽车旅馆"，正映射出现代社会"工业化"的旅行方式——功能、快捷、廉价、高效，人们的旅行变得更容易了。当然，人们也因此有更多的时间在旅途中了。

■ 霍珀自画像

■《早晨的太阳》，1952 年

同样是起居的房间，霍珀却很少画"家"，即使是画看起来也很像酒店。也许家与酒店在霍珀眼中都是暂居之所，只有居住时间长短的不同。在现代社会里，人与居所的关系确实没有那么坚实，尤其是大都会里，搬家更是家常便饭。左邻右舍大多不熟悉，也不会形成情感的羁绊，所以"家"不再是"故园"，而只是人生中的驿站。从这点看来，酒店就是一个个临时的、短暂的"家"，可以遮风挡雨，但也可以随时告别。

酒店只是配合了这个速度逐渐加快的时代，而让这个时代真正快速运转起来的，是交通工具的发展——高效运输的火车，普通人可以负担的汽车，以及相关的设施，这些都是霍珀画中很常见的元素。

■《酒店大堂》，1943 年

　　印象深刻的是他 1940 年画的《加油站》：夜幕初上，一条小小的公路边上，一个小小的加油站，三台加油机，一个工作人员在操作或者维护设备，并没有汽车前来加油。这个地方看起来偏僻，但加油站说明此地并非如画中清冷。很多车会在此稍做停留，然后继续行驶在路上。加油站可以说是一场旅行中，停留时间最短的地方了，但它又是那么不可或缺。我们何曾留意过加油站这种暂停的地方，何曾想到它与我们之间疏离而又紧密的关系？

　　当然还有旅途中的人——酒店里的最多：坐在床上的人、坐在沙发上的人、看向窗外的人、发呆的人、读书的人、赤条条的人、偷窥视角下其他房间的客人或者保洁人员、火车上的人、咖啡馆和餐馆里的人、

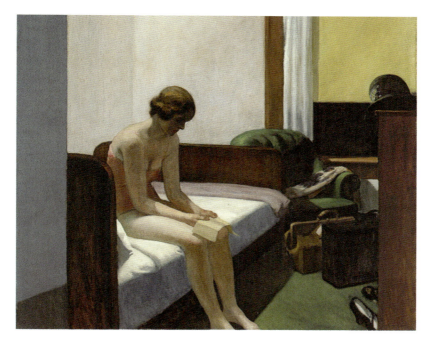

■《旅馆房间》，1931 年

■《加油站》，1940 年

加油站里的人。

《旅馆房间》，创作于 1931 年。在巴黎面积局促的小酒店里，她放下行李，脱到只剩内衣，情绪有点丧，坐在床上拿起一本厚书——或许是一本《电话黄页》，是想找的人没找到吗？

在一个有着宽大窗户的房间里，女子穿着短睡裙坐起身，窗外早晨的阳光异常耀眼，女子似乎刚被阳光叫醒，愣愣地看着窗外，似乎还回味着刚刚做的梦。（《早晨的太阳》，1952 年）

还有一个女子，似乎是刚刚沐浴过，全身赤裸，但凌乱的被子似乎表明她刚睡过一觉。她看向窗外，也许是怕被看到，站在离窗口较远的地方。时间也许是傍晚，夕阳西下，窗子透过来的光将她的影子拉得很长很长，她点了一支烟默默地抽着。谜一样的场景，却有一种道不尽的虚无感。

……

睡眠、读书、发呆、站在窗口看外面的风景，或者偷窥对面楼的后窗，只是放空一下，打发时间。在那一张张脸上，我们看到的是百无聊赖、思虑重重，当然也可能只是平静。

相比起当年的美国，我们现在的碎片时间其实更多，我们用玩手机来取代发呆，

■《阳光下的女人》，1961 年

但"无聊"本质上并没有多么不同。

酒店让我们短暂地休整，让身体得以庇护，也让我们有了一个私密的、放松的空间，在这里我们可以与自己袒裼相见，当然更是坦诚相见。

也许霍珀只是想画下他看到的城市，感受到的时代。但无意中，也戳穿了人生的某种现实——人生就是一场旅行，我们只是游荡在这个世界的旅人，朋友和亲人不过是一个个或长或短的旅伴，人生之旅的全程，最终还是要靠自己孤独地走完。出生就是出发，死亡就是到达，一路我们在不同的地方停留，也会与不同的人有着或长或短的交集，有缘时可以一起走一段，无缘时就是彼此擦肩而过的路人。漂泊的旅程充满了未知，但终点站是唯一和确定的。

谈到旅馆，突然想到一个有趣的人——日本舞美设计师妹尾河童。他有很深的旅馆情结，出行时，几乎每住一家旅馆都要实打实地测量并画出房间俯瞰图，在他出版的绘本《窥视》系列里，有很多酒店的手绘图。跟霍珀的不同之处在于，妹尾河童更多地表现出了好奇心和趣味性。不知道是不是潜移默化地受这些艺术家的影响，我旅行时，每到一家酒店，也喜欢拍下这个临时的居所，留一份"档案"。某种意义来说，旅馆也是旅行中的一处"景点"。

霍珀绘画的第二个关键词是"电影"。

有文章说，霍珀的绘画很像舞台，像是一幕幕话剧场景，这个说法没什么错，但要我说，他的画其实更像电影片场——他的画通常都具有悬疑性、戏剧感，光线的使用也非常电影化，很多光线像是用摄影棚的灯打出来的，制造出特有的气氛。看过二十世纪三四十年代好莱坞老电影的人都知道，当时的电影因为是黑白片居多的原因，光线明暗对比非常强烈。

■《夜之窗》，1928 年

■ 电影《惊魂记》剧照，希区柯克，1960 年

■《铁路旁的房屋》，1925 年

■ 电影《后窗》剧照，希区柯克，1954 年

■ 洛杉矶环球影城《惊魂记》拍摄片场，摄于 2018 年

我们知道摄影术的诞生对绘画艺术的深远影响是推动了印象派这样的非学院美术的诞生，而 1895 年卢米埃尔兄弟发明了电影，电影又对绘画艺术有哪些影响呢？爱德华·霍珀在创作油画之前是插画家，也曾为了生计给电影公司画招贴画，做广告设计，而他创作的高峰期是在"电影"的繁荣作为背景的时代。不过艺术界似乎并没有受到电影太大的影响，忙于探索各种前卫的艺术形式。霍珀作品鲜明的"电影感"，确实是很多画家所不具备的，但也有很大可能被当时的先锋艺术大家瞧不上。

当然，电影对于平面艺术的影响是多方面的，霍珀所受的影响也只能是其中的一个维度。

霍珀有个知名度比他高很多的粉丝——希区柯克。霍珀作品《夜之窗》激发了希区柯克的灵感，创作了《后窗》，讲述了一个受伤的记者为打发无聊的时间，从自家的后窗偷窥几户邻居家，从而识破一起杀妻分尸案的悬疑故事。他的另一个作品《铁路旁的房屋》则成为希区柯克

《惊魂记》中的重要场景，拍电影时原型复建的楼到现在还伫立在片场，大家在洛杉矶环球影城的片场游览车上还能看到这座建筑。

我们之前说到霍珀的画，最常见的主题是旅途，而这又似乎暗喻着人生之旅。相对应地，美国好莱坞后来也诞生了一种电影类型——公路电影，就是以旅途作为整个电影的发生场景，大多数主人公也都是孤独上路，经历各种离奇的事情，在旅行中找到自我。获得金棕榈奖的公路电影《得克萨斯的巴黎》的导演维姆·文德斯，也是霍珀的粉丝。我们并不确定霍珀与公路电影的诞生有无明确联系，但不难看出，以旅行比喻人生，是一种非常美国式的人生观。

■《上午 11 点》，1926 年

■《小城办公室》，1953 年

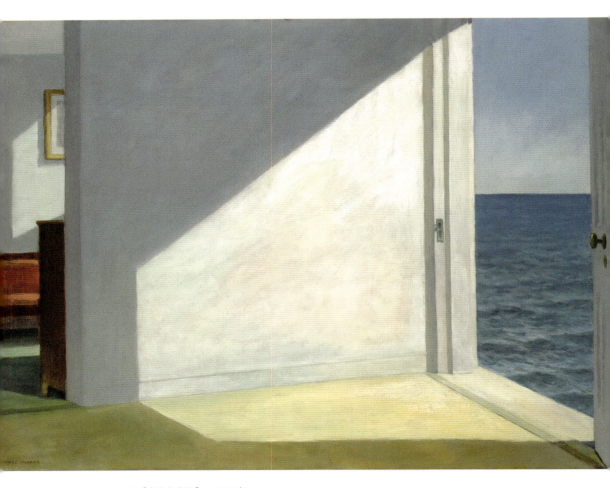

■《海边的房间》，1951 年

霍珀绘画的第三个关键词是"光"。

霍珀是一个非常喜欢画光的艺术家，但是他与印象派对于光的爱好完全不同，他并不关心不同光线下物体会反射怎样的颜色，相反光是他的工具，尤其是光的色彩、亮度以及强光下的阴影，都是他把场景戏剧化的非常有效的手段。

这其中最为经典的是他画的阳光，非常强，但非常冷，冷到让我想起了"凛冽"这个词。这是非常奇特的一种表达。通常情况下，阳光给人的感觉都是温暖的，甚至是炙热的，但霍珀画中的阳光色温偏高，再配上房间里的空旷，或窗口的空洞，或室外风景的荒凉，使得整个画面呈现出一种诡异的冷感。这种冷感通常能够强化他经常呈现的"孤独"，或者增加场景中的悬疑气氛。霍珀的风景画，也是强光暗影，像是西部片里的无人区，空旷而荒凉，一片死寂。

与光相搭配的重要元素是窗户。很多画家都喜欢画窗户及窗前的人，画窗户最有名的大概是维米尔了，他特别喜欢让女子站在窗子旁边读信、弹琴、做家务，当然这里有采光的实际需要，尤其是光通过窗户弥散在室内的空气中，让整个场景变得非常温柔，营造了宁静温馨的气氛，这样的处理让窗户在绘画中有了一种非常有意思的韵味。后代画家画窗户比较多的是弗里德里希、哈默修伊，他们喜欢画往窗外看的人。弗里德里希的窗边人，有一种身体被局限住了，但对外面的世界好奇的感觉；哈默修伊的窗边人，则特别娴静，似乎只是做事累了，往窗外看看，歇歇眼睛、歇歇精神。

而霍珀的窗边人，则有一种现代人特有的无聊、寂寞和旁观之感，他们看外面，有时是因为无事可做，有时是因为有意无意地窥探到他者的生活——这其实，又有点像在看电影。所以，才有了前面我们提到的希区柯克的名作《后窗》。

霍珀的窗还有一个非常鲜明的特点——大而且空。在他的时代，窗

■《夜鹰》，1942 年

■《周日清晨》，1930 年

户那么大似乎还不太合理，所以偌大的玻璃窗更多的可能还是出于表达的需要。他画的窗户很少画出玻璃的反光，很多窗户看起来像是空的，还有很多是在转角的位置，或者是那种"飘窗"以及橱窗，经常是从这扇窗户直接看穿到另一扇窗户，这又让空间多了"透"的感觉，这种"透"也会强化"空"，再加上他总是刻意简化场景中的物品，移去生活化的、常见常用的杂物，这都让房间越发空起来。

在他的代表作《夜鹰》中，街角的咖啡馆也有个巨大且"空洞"的橱窗，这使得咖啡馆看起来像个"水族箱"一样，咖啡馆内的人物像是一场戏剧，而窗外的（其实是画外的）我们，则如同观众一样窥视着场景中发生的一切。

这种空洞的大窗户，仍然是霍珀绘画中表现"孤独感""旁观感"

的重要手段。很多时候，窗子里的人看向窗外，而我们（看画的人）作为另一个视角的观者，则"站"在窗外，看着这个窗子里的人。颇有类似于卞之琳《断章》"你站在桥上看风景，看风景的人在楼上看你"的诗意。

与光相配套的另一个元素，是影子。因为阳光强烈，所以影子也都很深，但霍珀又爱极了长长的影子，这种影子通常是早晚的时刻才有，所以这与强光有些矛盾。《周日清晨》中，一个小小的消防栓，就被阳光拉成了四倍于自身长度的影子，而画面最下方有个从左到右完全贯通的影子，我们根本不知道那影子的本体是什么，在简洁的画面中增添了未知内容，同时也满足了构图上的需要。强光＋长长的影子更会加深"形单影只"感，画中的消防栓看着就"孤零零"的，更不用说那些画中寂寞的人了。

光影之下，受光面与背光面、墙壁与门窗、家具与摆设等等，将画面切割成各种大大小小的几何形状，以非常隐晦的方式呼应了当时的现代艺术，这几乎是霍珀绘画形式上最有"现代"风格的特征了，算是与现代艺术擦了个边。其实这一特点并不起眼，他并没有将这些色块进一步抽象和纯化，这些几何形状并没有脱离画面主题，所以观看者如果没有感知到，其实也很正常。

霍珀绘画的第四个关键词是"孤独"。

在前几个关键词中，我们都提到了"孤独"，孤独感统领了霍珀所有绘画的调性，所以"孤独"应该是霍珀画作最上位的关键词。霍珀最开始画孤独，也许是无意为之，随着创作的累计，孤独成为他作品中挥之不去的主旋律。毫无疑问，这孤独来自霍珀本人天生木讷内向的个性，也来自他对当时美国社会的深刻观察。沉默寡言的霍珀谈及代表作《夜鹰》时，曾说："我可能在无意中画出了一个大城市的孤独。"

孤独在画中最明显的当然是人。他的画中大多数是一个人——很多事本来就适合一个人做，比如发呆、读书、晒太阳……但有些事在普通人眼里，还是多人在一起更有趣些，比如旅行、看戏、吃饭、泡咖啡馆……这些本质上更接近于社交的活动，在霍珀的笔下，也经常是一个人去——一个人去做多个人的事，当然是为了"放大"这种孤独。有时候也会多画几个人，但他们即使相聚在一起，也多是各做各的事，很少交流。这就是都市中人与人的疏离感——我们物理上离得很近，但我们心灵上相距很远。

　　有时候孤独并不一定来自孤单，反倒是因为有人"陪伴"。一个人时，因为知道自己是"孤单"的，所以在心里接受了这份孤单，也容易找到要做的事，还落得逍遥自在。如果有个人在你身边，却与你没有精神上的共鸣，他的存在让你自以为不孤单，但有一种想抓住又抓不到的无助感，这种情形下，孤独感是倍增的——我称之为"有人相伴的孤独"。

　　人的孤独是宿命的，每个人都孤独，只是有人知道，有人不知道。很多人想用人际交往来逃避孤独，但人与人消磨时间容易，心灵交融却艰难，甚至是不可能的，所以还是逃不掉孤独。

■《考柏的马厩和远处的房屋》，1930 年

■《灯塔山》，1927 年

　　霍珀生活的时代，纽约人口已经超过千万，成为世界第一座特大城市了。但是在霍珀笔下，城市却总是空空荡荡的。显然，这不是写实的城市风景，而是画下了他感受到的那个疏离的大都会。这种疏离下的孤单，反倒因为众声喧哗而愈发凸显。

　　无人的旷野与人潮涌动的地铁换乘站，哪一个更会让你感到孤独呢？我记得在北京地铁还不太发达只有两条线路的时候，有一次我在当时最拥挤的复兴门站换乘时，在熙熙攘攘的人群里突然产生了一种特殊的孤独感，人虽然多得不得了，而且你挨着我我挨着你，但彼此都是陌生的，谁与谁都没有关系，那一刻我看到了人海之中每一个孤独的人，似乎也看到了人海之中孤单的自己。

　　除了人，孤独的还有空房间。霍珀喜欢做减法，他画的很多房间都是旅馆，自然不会有太多的家具摆设，在房间里，通常没有装饰性、再现性的细节，很多房间的陈设都比较简单，多把琐碎、实用的物品去掉，形成了一种清爽、简洁的氛围，同时也就让房间非常冷清和安静，没有居住需要的舒适和温馨感。房间的空，虚化了场景的具体感，格外让人产生各种联想。中国元代画家倪瓒，在他的山水画里，几乎从不画人，但爱画一座空亭。没有人当然也没有修建亭子的必要，空的亭子必然曾经有人在此停留，这样的绘画语言，给画面留下了余味，让观者更容易产生领悟或感慨。"空房间"也有类似的效果，用"无"来暗示"有"，是颇有一种禅意的表达。

孤独的还有房子。除了前面提到过的《铁路旁的房屋》外，霍珀也画了大量的独栋小楼，这确实是美国常见的居住方式，这当然也是美国

■《空房间里的阳光》，1963 年

■ 霍珀粉老吴的自拍照，摄于芝加哥青旅

人的生活状态——严守着自己的私有空间。喜欢画海的霍珀，也经常画海岸的灯塔，而灯塔大多远离都市，独自在暗夜中为远航的船舶引航。霍珀还画孤独的铁路平交道口值守的岗亭、孤独的教堂、孤独的站台、孤独的城市药店、孤独的加油站、孤独的十字路口……甚至他早年留学法国时，画的巴黎圣母院习作，看起来也是孤零零的。

霍珀的画很容易让人产生一种"共情"，让人认为自己就是那个画中人，观者以代入的方式沉浸在画面提供的寂寞场景中，从而对孤独的氛围感同身受。

爱德华·霍珀 1882 年出生于纽约州奈亚（Nyack）镇的清教徒浸礼会的家庭，父母支持他学习艺术，让他学习画插画，在纽约学了一段时间后，计划去法国深造。当时的美国艺术界，还没有建立自己的风格，仍然是跟在欧洲艺术之后亦步亦趋。

他出生的那年，大洋彼岸的巴黎，已经举办了七次印象派画展，随后便是风起云涌的各种艺术思潮，当他在 24 岁去巴黎学习时，立体主义将会在一年后诞生。留学巴黎期间，他喜欢上了波德莱尔的诗歌，尤其与诗中呈现的孤独感产生了深刻的共鸣。他先后三次到巴黎学习，但对巴黎风生水起的先锋艺术形式，他并不喜欢。

26 岁时，美国成立了一个以反欧洲绘画传统的艺术流派——垃圾箱画派，这个流派倡导美国的艺术要有美国气质，尤其要画真实的美国风貌，他们偏爱画贫穷、肮脏的美国城市，这让他们有了"垃圾箱画派"的称号。这个画派的领袖罗伯特·亨利，就是霍珀的老师。

霍珀早期的画作一直都不太成功，40 岁之前就卖出过一幅油画。41 岁他跟同门的师妹约瑟芬结婚，但由于他沉默寡言，很少交流，更不要谈什么表达情感了，妻子对他也多有微词。因为都是画家，妻子一直支持他的绘画事业，他画中的女子也大多是妻子充当的模特。

1967 年，霍珀去世后几个月，他的妻子也去世了。

霍珀所处的时代，正是美国转型的时期。他先后经历了第一次世界大战、大萧条时代、第二次世界大战、冷战时期，同时也是菲茨杰拉德笔下追求享乐主义的爵士时代、好莱坞崛起的电影时代、以雷蒙德·钱德勒为代表的推理小说黄金时代，还是以帝国大厦为代表的摩天大楼纷纷拔地而起的时代……毫无疑问，这是一个喧嚣的、多变的、新鲜的时代。

霍珀笔下的美国和美国人却是寂寥的、冷漠的、疏离的、孤独的。

如果说美国人一直有一个主题叫"美国梦"，那么霍珀笔下的美国人则是典型的"美国失眠"——他们总是心事重重，总是陷在一个人的沉思中。

在崛起的大都会里，我们拥挤但孤独、繁华但寂寞、耀眼但黑暗……正经历巨大转型期的中国人，似乎可以与近百年前的美国人有些许共鸣，对于画中的气氛有更多的感同身受。

从画面上来看，霍珀的画有悬疑性和电影感，观者可以对画中人物身份、场景、故事的进行想象式解读，这当然是受到时代影响的结果，但它并没有很直白地讲故事，画中人也总是像个静物一样安然，没有掉进描绘事件的写实泥淖，把更多的想象和品味留给了看画的人。

霍珀的绘画还有个非常大的特点，就是风格和技法的稳定性。他1920年的画与1960年的画相差无几，无论是画的题材，还是画面呈现的气氛，甚至包括构图色彩，都没有太大的变化，不查资料几乎很难判断哪幅是早期、哪幅是晚期。这表明画家并没有追逐艺术潮流，没有热衷于钻研新的艺术观或者表现手法，而是按照自己内心的笃定，反复画出自己眼中的城市、心中的世界。

当下是一个强社交的时代，我们现在可能不用望着窗外发呆，取而代之的是看着手机发呆——甚至几个人聚在一起时，也各自在刷着手机。这当然不算坏事，手机既增加了社交的烦恼，也在很多场合成为逃避社交的利器。手机与互联网搭建了永不掉线的沟通渠道，人与人越发地没有距离，也产生了大量的"无效社交"——无用、无益、无趣（"无效社交"这个说法比较功利，其实"无益社交"可能更合适些），但你又很难摆脱。微信加的"好友"很多并不认识，每天还被刷屏的朋友圈打扰，我们并没有因此而变得亲近，疏离感一点没少，社交甚至成了负担。

泰戈尔的诗里说："孤独是一个人的狂欢，狂欢是一群人的孤独。"

蒋勋在《孤独六讲》里说："孤独没有什么不好，使孤独变得不好，是因为你害怕孤独。"

独处时，我们一样可以丰富、饱满甚至灿烂。

在政治、经济、科技、文化、艺术都极尽喧嚣的大时代，霍珀的作品深刻地揭示了孤独作为人生的本质，让我们看到了世界的 B 面及生活的真相。

突然想起杨德昌的电影《一一》里有这样一处对白——爸爸 NJ 发现洋洋用相机专门拍别人的后脑勺，便问："你拍这个干吗？"洋洋回答说："你自己看不到啊！我给你看啊！"

Giacometti

贾科梅蒂

钟情于"火柴人"的跛足大师

Giacometti

提起贾科梅蒂的雕塑，大家最熟悉的莫过于身体瘦长的人物造型，有人叫它"火柴人"，我们东北话把这种身形称为"麻秆"，而文雅一点就是"形销骨立"。

对贾科梅蒂的作品，我印象最深的是来自美国华盛顿特区的国家美术馆东馆。这个由贝聿铭大师设计的新馆舍平时主要做特展，但是我去的时候很不巧没有正在展出的展览，就在我准备通过地下通道返回西馆的时候，回头瞥见了一个位于高处的"室内桥"上，有一座贾科梅蒂的《行走的人》的雕塑。因为整栋楼空空荡荡，楼上的这个通道更是没人通过，只有《行走的人》孤零零的身影，顿时心有戚戚。

由此可见，一座雕塑放在合适的空间里，会给人更加强烈的感受。

罗丹也有一座名为《行走的人》的雕塑，虽然没有雕塑头和手臂，但更接近于现实中的人，表现了健硕的肌肉，也凸显了行走这个动势的力度，很有生气。相比起来，贾科梅蒂的《行走的人》采用了他最擅长的"火柴人"形象，驼着背、身体前倾，丧尸一般地前行。

说起来，贾科梅蒂与罗丹还是师承关系——贾科梅蒂的老师布德尔是罗丹的学生（布德尔代表作《弓箭手赫拉克勒斯》），按照中国的辈分来论，罗丹算是贾科梅蒂的"师爷"。实际上，这三代雕塑大师艺术风格迥异，都走出了自己的创作之路。

阿尔贝托·贾科梅蒂（Alberto Giacometti）1901 年生于瑞士斯坦帕

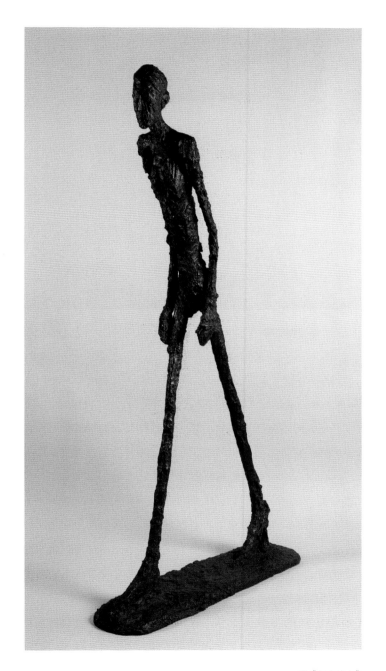

■《行走的人》

■《行走的人》，摄于华盛顿国家美术馆东馆

小镇（靠近意大利），父亲乔凡尼·贾科梅蒂（Giovanni Giacometti）是瑞士的印象派画家，也是瑞士著名画家霍德勒的好友。在收藏阿尔贝托·贾科梅蒂作品最多的苏黎世美术馆（以下单独提及的"贾科梅蒂"均指雕塑家阿尔贝托·贾科梅蒂）里，我还看到另外一位名叫奥古斯都·贾科梅蒂（Augusto Giacometti）的画家的若干作品，他在瑞士也是一位非常有成就的画家。我查阅资料后才知，奥古斯都·贾科梅蒂与阿尔贝托·贾科梅蒂有亲属关系，是他的堂叔。由此可见，贾科梅蒂出生在一个有艺术基因和职业传承的家族。实际上，贾科梅蒂的二弟迪亚哥也是雕塑家和家具设计师，三弟布鲁诺则成了一名建筑师，兄弟三人均取得了非凡成就。贾科梅蒂家族是个非常成功的艺术之家。

因为爸爸是画家，所以他从小就学习画画，他早期的绘画风格比较接近分离派。18 岁进入日内瓦艺术学院学画，同时也开始学习雕塑（实

■《行走的人》，罗丹，摄于瑞士巴塞尔美术馆

际上他一直在画，而且他的画与雕塑一样自成一格，甚至绘画风格的成熟比雕塑还要早一些）。19 岁时，父亲带他去意大利参加威尼斯双年展，并开始在意大利游学。他在威尼斯看到了丁托列托的绘画，画中人物造型都是长长的；他还去了不远的帕多瓦，看乔托的作品；在佛罗伦萨，他看到了古埃及的雕塑，这些都给他后来的人物造型很大的启发。

21 岁时，他来到巴黎，投入雕塑家布德尔的大茅屋学院，一学就是六年。在他来到巴黎三年后，弟弟迪亚哥也来到这里，并长期跟随哥哥一起从事艺术学习和创作，而且，他也是哥哥最"忠诚"的模特。作为艺术之都的巴黎，拥有庞大且丰富的博物馆，也有各种各样的艺术思潮在此碰撞。贾科梅蒂在博物馆里临摹古代埃及的雕像（古埃及雕塑中常见的"直立"和"向前迈步"的两种站姿，成为他后来雕塑姿态的一个重要来源），同时又受到立体主义的影响，对于非洲木雕、大洋洲土著

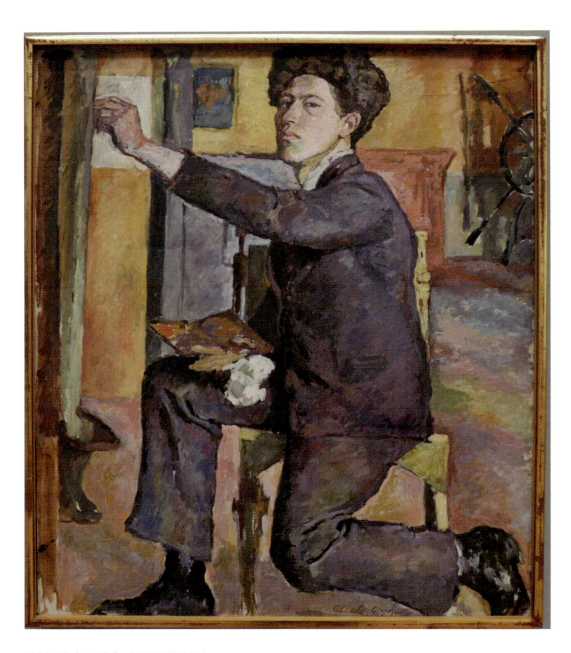

■《自画像（20岁）》，摄于苏黎世美术馆

■ 古埃及雕塑，摄于卢浮宫

■《悬浮的球》，1930 年

雕刻的人物造型产生了浓厚的兴趣。1929 年，他又加入了超现实主义运动，但几年后，由于超现实主义艺术家开会批评他的创作背叛了他们的理念，贾科梅蒂毅然离开，最终成为一个无"主义"的独立艺术家。1947 年，贾科梅蒂给超现实主义的领导者布勒东写信，批评他在一个展览中擅自将自己划为"超现实主义艺术家"。

因此，他早期的雕塑，是围绕"立体派"与"超现实主义"来思考和塑造的，与后来的"火柴人"雕像几乎完全不一样。离开"超现实主义"后，他渐渐远离了那种抽象化的表达，回归到了具象的世界。

37 岁时，他遭遇了一场车祸腿部受伤，再加上没有好好疗养，落下了跛足的残疾。

在巴黎花神咖啡馆，他邂逅了哲学家萨特和波伏娃，并与他们成为朋友，萨特非常欣赏贾科梅蒂的作品。存在主义哲学思想在当时有很大的影响力，而后来贾科梅蒂的作品被认为是 "存在主义"的艺术，起码萨特是这么认为的。

二战时期，为了躲避战乱，他回到了故乡瑞士，也正是这个时期他开始创作微雕塑。这种微雕塑小到可以放到火柴盒里，是名副其实的"火柴人"。基于长久以来的探索和思考，包括各种艺术思潮的实践、电影等新视觉媒体的感官体验及在战争中亲见的残酷现实（在法国期间，他曾亲眼见到一个人在轰炸中胳膊脱离了身体），他的人像开始出现瘦长的趋势。

这种雕塑形象，最初的灵感来自人的影子。我们都有这样的经验，在夕阳的侧光之下，人的影子被拉得很长，但由于遥远的光线并不会拓展人的"宽度"，因此就会形成一个瘦长的黑影。

贾科梅蒂认为近距离并不能把握一个人的形，正确的观看就是要保持一定的距离，他说"小尺寸才是人们真正观看事物的尺寸"。所以，他采用了一种"远观"的视线，把人塑成微小的"雕像"。这种遥望的情形下，人会变得很渺小，而且没有可视的细节，只有基本形。当然，这个基本形也不是写实的基本形，而是一种"记忆化"的基本形。人被光线拉长的影子就是一个基本形，这也是形体的一种本质。因此，选择了"影子"作为造型，这是一种提纯式的简化，是一种独特的减法。

说到"减法"，我们都有这样的记忆——刚上学的时候学数学，都是先学加法，再学减法，然后才是乘除法。这个学习顺序其实也说明了减法比加法难。在绘画艺术方面，古代绘画基

■《威尼斯女子 II》（局部），1956 年，纽约大都会博物馆

本上都是做加法，而现代绘画艺术则大多是做减法，或者是有的地方做加法，有的地方做减法，艺术上的"减法"比数学的减法还要难，难点在于减什么、减哪里、减多少、怎么减等，这些都是艺术家们需要做出决定的地方，也正是因为各自所做的减法差异很大，才形成了现代艺术如此丰富的呈现。

回头再看罗丹的《行走的人》，其同名作品做成了真人大小，而且他的这座雕塑根本就是为了向雕塑界、艺评界，证明自己强大的"写实"能力而做，所以罗丹的风格还是建立在写实的基础上。后来成熟期的贾

科梅蒂的人像雕塑，要么是做成火柴大小的微雕塑，要么就比一般人要高大很多，总而言之他很少把人像做成真人大小的尺度。因为他不认为与真人做成同样尺寸就是"真实"，他追求的是他感知的一种真实。做微雕塑，在他眼中就是主观的一种真实尺度。大尺寸的《行走的人》，其实也是远远看过去更像是真实空间中的身影。

除了尺寸之外，贾科梅蒂打破了人像中所有的比例，最直接的感受是头部与身体的长度比例，用现在流行的说法是，差不多"十二头身"了（头部占总身高的 1/12），另外还有胖瘦的比例、高矮的比例、五官的比例、手的比例、四肢与躯体的比例、正面与侧面的比例等，一切要素都在，但一切的比例都是主观的、重构的。

贾科梅蒂做这么主观的造型，其目的就是打破"写实""再现""静态"的"真"！某种意义上来说，贾科梅蒂与塞尚思考的问题一样，他也希望能呈现一种观察而不是翻模子，他希望能够捕捉到人的本质，只是他提供了与塞尚不同的"解决方案"。

说到这儿，我觉得很像中国艺术里的一个观念——"以形写神"——这是中国东晋画家顾恺之关于人物画的绘画理论，也就是说中国绘画很早就意识到"神"的重要性，注重"神"的刻画（我们说的"神"与塞尚、贾科梅蒂追求的"本质"，在内涵上略有差异）。当然，"以形写神"的理论某种意义上也是中国人物画在写实技法上发展的掣肘，但是从艺术观来说，这种追求是高级的。无论东方艺术还是西方艺术，形与神的表现总要追求一个平衡。

"火柴人"的形象定型且大量作品的出现，是在二战以后，那时他又回到了巴黎，战争的创伤无疑深化了他对这个形象的探索。因此，有很多人觉得，这个形象代表了一种战争伤痕——暗喻被战争炮火烧灼的尸体、从集中营逃出来的幸存者……雕塑表面粗糙不平，只残留着一副骨架，不和谐的各种比例也像是战乱留下的种种残疾。他们身形单薄、

■《三人行》，纽约大都会博物馆

■ 摄影 布列松

弓腰驼背、骨瘦嶙峋，似饿殍、像鬼魅、如幽魂，踽踽独行的步伐沉重，匆匆却又茫然——如同一根燃过的火柴杆，充满锈蚀的弯折铁钉，这些联想的形象无一不给人一种残破、伤痕和艰难之感。这个形态展现了二战结束、冷战开启后的一种普遍的精神状态。

这个《行走的人》，看起来走得很艰难。前面讲到过，他曾因为出车祸而成了一个跛子，雕塑中的行走，大概也是他内心对于"行走"某种内心执念的外化。而且，据说他少年时因为患腮腺炎，留下了间歇性阳痿的后遗症，这种身体上的障碍，应该也影响了他的性格养成，同样也会转化成作品中那种挫败、沮丧和无力感。

相比起整个身体的纤细，"他"的两只脚却不成比例地大，像是穿了两只大鞋，也有人觉得像是行走时粘在鞋底的泥巴。不管是不是有这样的联想，至少这两只脚看起来是滞重的，我们很容易想象脚底坠着重物的感受，这个行走明显不轻松。

对于这个行走的"形象"，中国人应该很熟悉，因为"人"这个汉字，也可以视为一个"行走的人"。巴黎贾科梅蒂基金会的 Logo 上就有一个进一步简化的"行走的人"，看上去根本就是汉字"人"。所以我们也许更能理解，行走之于"人"的"根本意义"所在。

"火柴人"从尺寸上来看，先是做成了很多的微雕塑——小小的体量，大多放在展厅的玻璃箱里，看起来很妙，后来又做成大尺度的作品，需要更大的空间安放。从形态上看，则是先出现了静态站立的人像，多为女子，后有动态行走的人像，多为男子，也有其他的姿态，还有丧家狗、流浪猫等动物；从构成上看，独立的居多，但也有群体的，比如《三人行》《城市广场》等。

这一系列雕塑完全不追求光滑流畅的表面，而是堆满了更有表现力的塑痕，如同梵高绘画上的笔触，反倒容易激发起观看者的情感反应。他的作家朋友让·热内认为他的雕塑摸上去会让人产生快感，是盲人的

■《城市广场》，微雕塑，摄于纽约现代艺术博物馆

福音，而那些光滑表面的雕塑不会给人这种感觉。因此，他觉得贾科梅蒂是用手创作它们的而不是用眼睛。实际上，贾科梅蒂倡导雕塑被触摸。（当然，我们不会有机会体验到这种触摸的快感，因为任何一个美术馆都不会允许我们去摸雕塑。）

即使是"群雕"，我们也不难发现，"火柴人"们各走各的，他们从不同方向来到广场，但并没有在这里停下脚步，而是按照各有的方向继续步履匆匆，既没有相聚，也没有互动。《城市广场》中，我们还看到了一个伫立的女子像，然而，似乎没有任何一个男子向她走去，她的伫立也是一种孤零零的感觉。

有一点要补充的是，实际上《行走的人》的形象最早出现在包括《城市广场》在内的微雕塑里。现在看到的大体量单体《行走的人》，是贾科梅蒂为纽约大通曼哈顿广场项目制作的，但由于他对作品一直不满意，反复重做，据说先后做了四十几个版本，而留下的只有两个，其他的都被毁了。最终他意识到自己无法"完成"计划，放弃了纽约的这个项目。

关于贾科梅蒂的"拖延症"，我们也可以通过一部电影窥见一斑。电影《最后的肖像》就是以贾科梅蒂为主角的故事片，讲述了他为一名艺术评论家画肖像的小故事。片中的贾科梅蒂把原本计划几个小时，最多两三天完成的肖像油画一拖再拖，几度"清零重启"，被画的"模特"不得不一再改签机票、更改归程，到第 18 天时依旧没有"画完"。评论家最后也很清楚，只要坐在那里当模特，这幅画就永远画不完，最终他以要走来"帮助"贾科梅蒂"完成"了作品。我们看到了一个艺术家的"拖延症"，以及他为什么拖延——他似乎永远无法"完结"一幅作品，他对于自己的创作焦虑而又绝望，大多数情况下更需要一个外力通过"终结"来"完成"创作。

不得不说的是，存在主义哲学对艺术家产生的影响。作为贾科梅蒂的朋友，存在主义哲学家萨特认为："他人即地狱，恐惧、孤独、失望、被遗弃等是人在世界上的基本感受。"二战之后，这种心理越发凸显出来，恰巧贾科梅蒂成熟期的作品，能够充分表达这些"存在主义"的感受。所以，艺术史在归类时，将其归为"超存在主义艺术大师"。萨特也充分认可贾科梅蒂的作品对存在主义思想的"阐释"，但贾科梅蒂本人似乎并不愿意把自己的作品往存在主义上靠。我想，存在主义思想对贾科梅蒂的影响应该是"潜移默化"的，艺术创作毕竟不是写论文或者写小说，它不是哲学理论的诠释，也不是故事的载体，它有自己的"讲述"逻辑和语言。

贾科梅蒂的艺术之路，有弟弟、妻子，甚至妓女、情人陪伴，有哲学家、作家、文化名流等朋友，并不像有些艺术家那样对社交恐惧，但他的骨子里却孤绝而执拗，是一种喧嚣中的寂寞——像他的《行走的人》一样，甚至像他的那只无家可归的《狗》——贾科梅蒂说那只狗就是他"沮丧时刻的自塑像"。他跟作家朋友让·热内说："它（雕塑《狗》）就是我。有一天，人们在街上看到的我就是这副样子，我就是那只狗。"

他住在巴黎蒙帕纳斯一个只有二十几平方米的狭窄破烂工作室里——那里被萨特称之为不可靠近的"孤岛"——屋里没有自来水没有厕所，冬天还要烧火盆取暖，而他一住就是几十年。即使后来获了奖，举办了个展，有了不小的名声，他也未曾想过改变生活和创作条件。他很少将作品翻模出售，自然也就没挣多少钱，他好像对于创作之外的任何事情都没有兴趣。

在"畸形火柴人"形象之后，他又创造出一种半身像，特点是头特别小，跟"火柴人"的头部造型一致，但是身体很庞大，看起来也像是雕塑的底座，最终的视觉效果就是大大的身体底座顶着一个小脑袋。这个造型可以视为"火柴人"的衍生造型。

这一类半身像拥有了更为明显的稳定感，贾科梅蒂将头部处理得像

■《狗》，1951 年，纽约现代艺术博物馆

■ 迪亚哥半身像（两个方向），1950 年

■《猫》，摄于纽约大都会博物馆

浮雕一样，从侧面看头部是完整的呈现，但是从正面看，头部就像是左右方向被挤压成为一种扁扁的样子，从而降低了雕塑的立体感，再加上青铜的材质，使得人像更呈现一种幽魂式的效果。

他的作家朋友让·热内非常欣赏他，做他的模特，并写了一本名为《贾科梅蒂的画室》的书。当我们观察让·热内的人生，就不难理解他对贾科梅蒂的热爱。让·热内一出生即被遗弃，在教养院长大，早年流浪街头、偷窃，多次坐牢，还当过逃兵。在监狱里他发现和发掘了自己写作的能力，写了多部小说和诗集，被萨特等文化名人向总统请愿赦免。他也是法国文学界公开的同性恋者。贾科梅蒂的作品，应该是暗合了他早年间流浪、偷窃的生涯，同时也映照出他孤独的内心世界，让他在雕塑身上找到了前所未有的共鸣。

在艺术界有个说法是：共鸣比美更震撼人心。我想，喜欢贾科梅蒂这些雕塑的人，大多数应该是在作品中看到了自己。

我们可以再从他给让·热内画的肖像画里，感受一下他的平面艺术风格。

从人体比例上来看，头的比例要比实际比例小一些，身体则类似于他胸像雕塑——是身体，又是整个雕塑的底座。他油画里的人像，颜色晦暗单调，满幅画上的线条笔触像是刮出来的划痕，坚硬而又阴鸷；画面中线条很多，其中头部的线条非常密集，甚至是用线条组合成的网状结构，一层套着一层，感觉所有的力量都投入到了头部上；因为头部线条重合密集且多层，甚至大多数人的头都被画成了黑乎乎的"蛋"形，"肤色"显然不是真正的肤色；不少人像作品中，他把眼睛、鼻子、嘴等五官，画成蒙克《呐喊》式的样子，充满了表现性；其他部分的线条则随意而松散，画面很少有细节；背景的房间内部看起来像一个铁皮箱子。总体来看，他的油画更接近于一种速写，重点在于对被画者"神韵"的捕捉。

看他的画，跟看他的雕塑一样，离得稍远一点会有更好的欣赏效果。他画的人，尤其是头部，似乎会从平面的画布上凸起，像浮雕一样，有一种不同于以往透视法的奇特的立体感。

著名的摄影师布列松，曾经拍过几张非常经典的贾科梅蒂的照片，其中一张是在一个雨天，贾科梅蒂把头缩在衣服领子里，一瘸一拐地快步过马路。这张照片虽然没有在形上与贾科梅蒂的《行走的人》处于同一个角度，但是在"神"上很好地还原了艺术家作品中的孤独、窘迫、无助甚至有些狼狈的精神内核，是一张非常精彩的"决定性瞬间"。

1963 年，贾科梅蒂被查出胃癌，三年后他离开人世，那一年他 65 岁。作为瑞士文化界的骄傲，他和他的作品被印在了 100 元瑞士法郎的正反面。

■《让·热内肖像》油画，伦敦泰特美术馆

■ 摄影 布列松

■ 100 元瑞士法郎

在过去的十年间，贾科梅蒂先后三次（2010 年、2014 年、2015 年）创下了艺术品拍卖价格的新高纪录，并牢牢占据着雕塑拍卖价格榜的前两名。

与此同时，"丧文化"开始流行，沮丧、悲观、失意、"北京瘫"、生无可恋、低欲望社会……成为一代人的关键词，阶级固化、前途迷茫、成功太难、努力变得没有必要、逃避虽可耻但有用，事业、爱情和人际关系，均让人有很强的无力感，"丧"成为年轻人经常表达的一种负面情绪，这虽有些许搞笑或者自嘲的成分，不一定是他们的常态，但确实呈现了重压之下的一种自我开解与释怀。

贾科梅蒂《行走的人》及其系列作品，二战后契合了战争创伤和冷战阴霾下人们的心理，而在当下，则又能映照这个无精打采、垂头丧气的时代。当然，最主要的原因是，每个时代都有属于那个时代的消极情绪，每个时代也都有茫然无助、找不到方向的人，而形销骨立、踽踽独行的身影，恰好是所有消极情绪的化身。

不过，看着茫茫天地间《行走的人》，我们反倒释然——原来，我们的"孤独"并不孤独。

Ni Zan

倪瓒

洁癖到极致的艺术怪咖

Ni Zan

无锡这个地方盛产大画家，最早可以追溯到晋朝的顾恺之，他画过《洛神赋图》《女史箴图》，几乎可以说是中国绘画史上留下姓名的第一人。离我们比较近的则是现当代画家徐悲鸿、吴冠中，他们都在中国审美与西方艺术的结合方面，做出了巨大的贡献。在这个画家"时间轴"的中段，还有一位就是"元四家"之一的倪瓒，他也是我最喜欢的中国画家。

几年前我去无锡旅行，专门去拜谒了倪瓒的墓，那天下雨，感觉正是我印象中湿漉漉的江南。墓园旁边是一家小小的纪念馆，可惜的是，那里没有收藏任何原作，展出的大概是日本二玄社出的高精度复制品。的确，倪瓒留下的画并不算多且过于珍贵，只有北京故宫博物院、台北"故宫博物院"、上海博物馆和纽约大都会博物馆等一些大馆珍藏了有限的几幅。

"懂"中国画的人太多了，我实在是外行，但是每个人看画自有其角度，我还是从"感受"出发，谈谈我喜欢的倪瓒。

倪瓒的画属于"文人画"体系，是文人、士大夫们抒发情感、表达人生观的一种"业余"艺术，与专职画家的"院体画"在绘画风格和价值取向方面，都有很大不同。总的来说，文人画比较素雅简洁，多用水墨少用色彩，技法相对简单，笔法与墨法都脱胎于书法，很适合文人。

"文人画"一般认为起源于唐代的王维，他是山水田园诗人，因此山水画也走诗意的路数，这是"文人画"在艺术观上的基础；五代的董源、巨然，则为后世"文人画"的发展提供了技法方面的积累；"文人画"到北宋时期，特别是苏轼、文同、米芾等人，将"士人画"的理论和实践系统化，包括很多文人画的主题慢慢确定下来，"文人画"也逐渐成为中国绘画艺术的"主干"；到了元朝，由于汉族文人处于被整体打压的状态，因此，他们的境遇与"文人画"表达的隐逸、遁世思想空前一致，再加上多年实践积累，"文人画"在元朝达到了巅峰，出现了元四家（黄公望、吴镇、倪瓒、王蒙）这样的高山；明清两代，"文人画"保持着很高水平的发展，尤其是江南一带，出了很多大画家，包括我们都熟悉的明代沈周、唐寅、文徵明、祝允明、徐渭、董其昌等，清代的"四僧""四王""扬州八怪"，甚至可以说你所知道的大画家绝大多数都是文人画家。

不得不说，"文人画"的立意是好的，艺术趣味也是高级的。纯从艺术来看，中国画的笔墨形式，很接近西方的抽象艺术，单纯地欣赏笔法、墨法、皴法，欣赏线条灵动、布局巧思、墨分五色。从这一点来看，中国画是"早熟"的。

但是在"文人画"的发展过程中，抒发情感、表达人生观的"初心"走了样，变成了"绘画八股"，以上提到的那些大画家，作品当然是好的，但在"文人画"领域中更多的是平庸之作。

千百年来，有些中国古代文人（其实也不只是古代）做作又虚伪，表里不一，让人很难喜欢起来。"文人画"也一样，画山水是为了表达隐遁、淡泊名利、寄情山水，实际上大多数文人都还梦想着当官；画梅兰竹菊是为了表达品格高洁、风骨可鉴，但他们受贿贪腐的时候，一点都不会手软。所以，"文人画"从形式到内容，并不需要多么走心，其实只是一种技法、理论、价值观上不停重复的"模式画"。如果缺乏看画经验的人去看古书画，很容易觉得都差不多！

大多数情境之下，"文人画"并不走心，画家想"表达"的价值观自己并没有从骨子里认同，他可能画出"感觉"来吗？而且在"诗、书、画、印"一体的评判体系中，"画"也成了"诗"和"书法"的附庸。因此，"文人们"并不会真正花心思在画的本身上，"文人画"在创新上没有动力，最终蜕变为痴迷于"笔法""墨法"的"笔墨"游戏，走向了纯形式——八股、模式化，模式化的"文人画"，最终表现心性的大多只能靠题材。这也是大多"文人画"不太让人感动的原因。

因此，"画如其人"的文人画家更是凤毛麟角，而倪瓒则是其中非常彻底地画出了真我的一位。他的厉害之处在于，虽然"文人画"存在着非常严重的模式化，但他的世界观在画中一眼就能"看"到、"感受"到。他跟他的画是一体的，即使他自己也再三重复，他还是将这模式注入了自己独特、鲜明的灵魂。这在中国古代文人画家中，实在是不多见。

■ 倪瓒墓 无锡

倪瓒，字泰宇，别字元镇，号云林子，所以大家在艺术史书上看到的"倪元镇""倪云林"也都是指他。（古人的名字中，"字"与"名"有关联性，是相表里的关系，但"号"多是自己取的，因此有点像现代人的网名，可以随自己的意愿。）

倪瓒生于1301年（元朝），比另一位大画家黄公望小32岁。他的家庭是富甲一方的地主，父亲早逝，养他长大的哥哥是道教的上层人物。尽管汉人在元朝地位很低，但道教在当时很受宠（大家应该还记得《射雕英雄传》中，全真教道士丘处机与成吉思汗的关系很密切，金庸先生在这里借用了真实的历史），所以，这个与宗教有关的家庭自然是有很多特权，积累了很多财富。

他家有一栋三层的图书馆叫"清閟阁"，"清"很容易明白；"閟"有关闭、幽静、掩蔽等意思；"阁"即"阁"。"清閟阁"就是"清静幽邃的藏书阁"。从藏书楼的名字我们也能对倪瓒的个性了解一二。清閟阁不只有书，还收藏有琴、青铜器、古玩、字画，其中不乏董源、李成、荆浩等名家名作。

由于家境优越，受到了很好的教育，个人修养也很高，他自然形成了一种清高、孤傲、洁癖、厌恶政治等性格——《明史》在记录他的文字里，直接使用了"洁癖"这个词。从另一个角度来看，他这个人也比较耿直、孤僻，甚至迂痴，沉溺于诗文书画中，远离尘世功名。自然，他的清閟阁很少有人能踏入其中。他的清高孤僻令人难以亲近，但是当你看过他的画后，你会觉得——他配，他值得如此骄傲。

元朝的统治者，强征高额地赋，富庶的江南，更是征税的核心地区。倪瓒拥有庞大的家产，自然也要缴纳高额的赋税。于是他在40多岁时散尽家产，分送亲友，有人认为主要就是为了避税。他在人生最后近二十年的时间里，基本上是住在一个船屋上（类似于"画舫"），漂泊于太湖、松江一带。有时候他也寄住在朋友家，他将自己暂居的地方称为"蜗牛庐"，看着字面我们就能想象住所的简陋，这也与奢华的"清閟阁"形成了巨大反差。

有人说，这也是倪瓒聪明的地方，泛舟太湖，不仅避开了高额的赋税，还躲避了元末此起彼伏的农民起义带来的战乱。明朝建立，他又成了编入平民户籍的普通人（类似于"出身贫下中农"），没有被朱元璋迫害。

网上如果搜倪瓒，往往最先搜到的是一堆他"洁癖"的段子，大多数故事来自《尧山堂外纪》卷七十七，有很多故事是他在世时就留下来的，多多少少有一定的可信度，至少能够说明他那种极端的洁癖。在这些段子中，我们看到了一个"盥濯不离手"的极致"洁癖症"患者，极端程度令人咋舌。

一次，倪瓒家里有一个客人留宿，因为担心客人弄脏屋子，一晚上他起来好几回，就为了偷听客人的动静，其间听到客人咳嗽了几声，便疑其吐痰，心里厌恶，第二天让童仆去找痰痕，可是哪里找得到。童仆不得已找到一片上面有疑似痰痕的树叶"交差"，倪瓒立即命他将树叶拿到三里之外的地方。

除了有"物理洁癖"，他当然也有精神洁癖。

他曾经拒绝为张士诚（农民起义军领袖，自封吴王）的弟弟张士信画画，表示自己不是"王门画师"，并撕了张送来的绢帛。后来张士信有次在太湖泛舟时，被一艘散发着异香的船所吸引，靠近一看原来正是漂泊于太湖之上的倪瓒，于是将其抓回去打了几十板子解气。被打板子时，倪瓒一声不吭，旁人问：他这么侮辱你，你怎么一句话都不说？倪瓒回答："说了就俗了。"这里有两层含义，一来他觉得被打时惨叫是"俗"，他无法接受一个如常人般的自己；二来他觉得回应侮辱他的人也是"俗"，他也不想跟一个俗人产生半个字的交流，"俗"比"死"更不能容忍。

洁癖的本质是嫌弃别的人，这种程度的洁癖和清高，在整个中国文

■《水竹居图》局部，1343 年

化史上，大概只能出现在文学作品里，能超过倪瓒的"活人"似乎还没听说过。

说到这儿，不禁想起了《红楼梦》中的"妙玉"。妙玉为贾母沏茶，贾母喝了半杯便赏给了刘姥姥。妙玉嫌弃刘姥姥粗鄙，打算把她用过一次的成窑茶盅丢掉，后来被宝玉求情送给了刘姥姥，让她卖了度日。妙玉表示幸好自己没用过那杯子，如果是自己用过的，即使砸碎了也不会送给刘姥姥。在《红楼梦》里已经是非常敏感清高的林黛玉，在妙玉的眼中也不过是个"大俗人"——因为她尝不出沏茶的水是"五年前蟠香寺梅花上的雪水"，林黛玉猜的"隔年的雨水"怎么能喝？

而她内心欢喜宝玉，沏茶时别人都用各种名贵的古董，单给宝玉用了自己平时用的"绿玉斗"，不只是不嫌弃，甚至不知道有没有借机"亲近"宝玉的潜在心理。

不知道是"巧合"还是曹雪芹有意为之，妙玉和倪瓒在结局上也颇雷同。

小说里，妙玉的判词《世难容》说："到头来，依旧是风尘肮脏违心愿。好一似，无瑕白玉遭泥陷……"因此在高鹗续写的一百一十二回中，妙玉被贼掳走——一个极端洁癖者，却落到了贼的手上，下场自是可想而知。

倪瓒被抓后，狱卒给他送饭，他便要求对方把饭举到眉毛的高度（"举案齐眉"），狱卒不解，问为什么，他不答。旁边知道的人解释说，他不愿意你们呼气时对着饭菜。狱卒大怒，将他锁在粪桶的边上，大家苦苦求情之下才免除了这个惩罚，但倪瓒也因此落下了"脾泄"的病根，如果没有洁癖，他其实不会受到狱卒的这种侮辱。后来甚至有一种说法是，他死于腹泻，死在了自己最不能容忍的"脏"上。

跟妙玉一样，"太高人愈妒，过洁世同嫌"，他树敌太多，也没结交几个好的朋友。只能是孤孤单单地承受着最不能忍受的侮辱。

我猜曹雪芹在写小说时，有可能借鉴了很多倪瓒的人物特征。因为，我个人觉得贾宝玉也有倪瓒的影子。

虽然公认宝玉对着石头鞠躬说话，原型是米芾，但从整个人生经历来看，倒是像极了倪瓒——他们的童年都是出身富家大户，都不爱仕途，都有"不务正业"的"歪才"，最终也都是家门败落，结果是"好一似食尽鸟投林，落了片白茫茫大地真干净"。

巧的是，"好一似食尽鸟投林，落了片白茫茫大地真干净"，这句话用来形容倪瓒的画，倒像是量身定做的解读密码。

我们熟悉的倪瓒风格是枯笔水墨，不画人，实际上倪瓒早期的作品并不是这样的。中国国家博物馆收藏有倪瓒的《水竹居图》，这幅画是纸本"设色"，也就是说这是个有颜色的画，这在倪瓒的作品中十分罕见。这是他42岁时的作品，按照他自己的艺术分期来看，还算早期。

不只是色彩，从构图上来看，虽然他的"一水两岸"的格局基本成形，但也跟后来成熟期不太一样。首先是只用了平视视角，即"平远法"（注：中国山水画的"三远法"：平远、深远、高远），因此水面的留白不多，对岸的山也显得比较"近"，前景中的树长在了水中的沙洲上，而成熟期的视角增加了俯视，因此水面更开阔，对岸也相对更远。此外，这幅画的内容基本上比较集中，处于画面的下半部分，画面上部是"天空"的留白，成熟期的构图则是三段式格局，上部分是远处的山，中部是隔开两岸的水面，下部则是近景里的枯树、空亭或者丘石等等。从物象的形上，早期作品中更"实"一点，"生气"也更多，画面有着湿润的质感，树也有些叶子（在更早的一幅《秋林野兴图》，是他约38岁时的作品，画中亭子里还有一主一仆两人），而后期的作品中，笔干墨淡，更加抽象化，"生气"消失了，树也大多是枯的，整幅画里则空无一人。

从这种对比不难看出，他的绘画风格前后有着比较大的转变。这种转变跟他的人生际遇有关，也跟他的思想深度、艺术观念的发展有关。

他后期长期泛舟太湖，对于真山真水，也有着更为直接的体会。

同一时期的大画家，画了《富春山居图》的前辈黄公望，也是一位全真教道士，他成名较晚，倪瓒很年轻时就认识了他，黄公望也是能进入清閟阁中不多的好友之一。后来，倪瓒还曾经向他订制过画作《江山胜揽图》。黄公望画了十年之久才完成，可见对懂画的朋友，黄公望不敢草率。因此也可以说，除了受到早年家藏诸多名家巨作的影响，倪瓒后期也学习了一些黄公望的风格。

对于自己的绘画，倪瓒在《清閟阁全集卷十：答张藻仲书》中说："仆之所谓画者，不过逸笔草草，不求形似，聊以自娱耳。" 在《清閟阁全集卷九：跋画竹》中说："余之竹聊以写胸中逸气耳，岂复较其似与非，叶之繁与疏，枝之斜与直哉，或涂抹久之，他人视以为麻为芦，仆亦不能强辩为竹，真没奈览者何，但不知以中视为何物耳。"这两段话常被单拿出来代表倪瓒的艺术观，甚至可以精炼为两个成语，即"逸笔草草""胸中逸气"，由此还提炼出一个"逸"字，用来作为品评倪瓒的关键词。

从字面上来看，"逸"字要么是指"安逸"的逸，很闲、很散淡；要么是指"飘逸"的逸，很仙、很洒脱；要么是指"超逸"的逸，很高、很超然；要么是指"隐逸"的逸，很深、很遁世……但是，这些"逸"体现在倪瓒的画中，是什么呢？

净

1345 年，倪瓒 44 岁时，画下了《六君子图》（现收藏于上海博物馆），这段时间是他散尽家财开始泛舟太湖成为水上隐士的时间，也基本上是他"三段式"画风的成形时期。在画的前景中，一个小丘之上，画了纵向延伸的松、柏、樟、楠、槐、榆六棵树，六棵树象征着君子不同的美德，

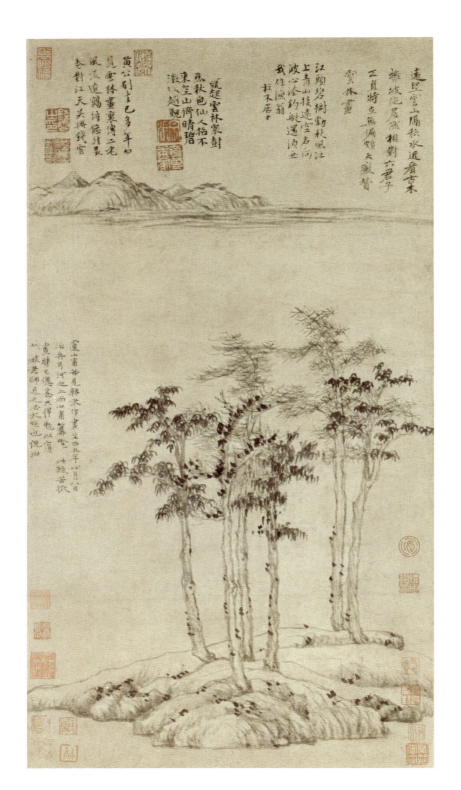

《六君子图》 · 1345 年

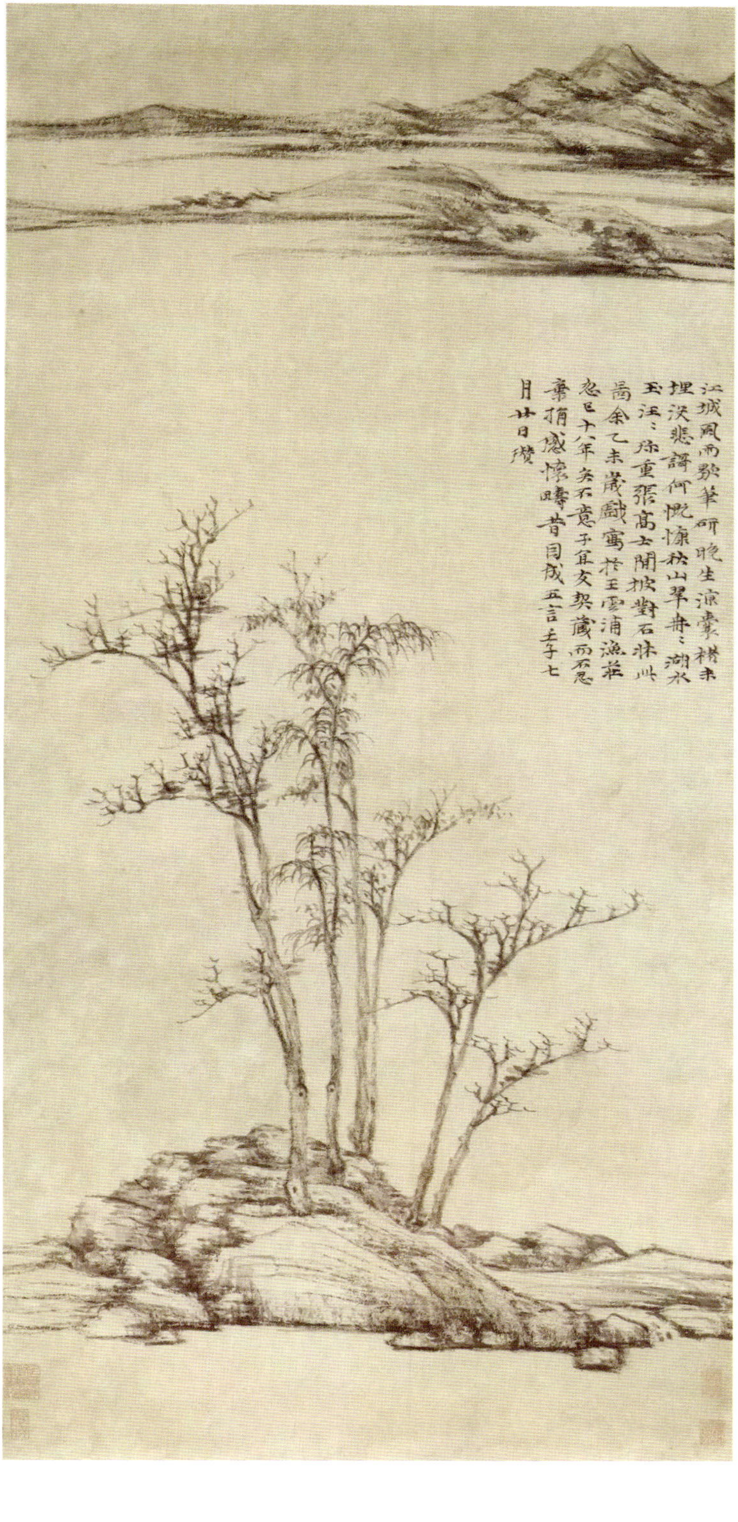
江城風雨歇筆研晚生涼囊楮未
埋沒悲歌何慨慷秋山翠冉冉湖水
玉汪汪珍重張高士閒披對石牀此
畫余乙未歲戲寫於王雲浦漁莊
忽已十八年矣不意子宜友契藏而不忘
衰捐感懷疇昔因成五言壬子七
月廿日瓚

《渔庄秋霁图》，1355年

而画面的上部，则是横向延展开来的山丘。

这幅画非常能够体现倪瓒画作给人最直接的感受——干净。整个画面构图简洁、内容单纯，干笔淡墨，前景与远景拉开了距离，"平远法"加"深远法"产生了大面积的留白，形成疏离感。即便不考虑画作的名称"六君子"所明示的寓意，前景中的六棵树也会给人一种人格化的感受，其中前四棵树为一组，后两棵为一组，像极了站在岸上的两组人，这种排布也会强化这种"人格化"的感觉。

隔

《六君子图》画完十年后，倪瓒又画出另一幅比较类似的构图——《渔庄秋霁图》，这幅画也收藏在上海博物馆。这幅画的画面元素与《六君子图》基本一致，远山、中间留白的水面、前景中的六棵树。但是在这幅画中，前景中的树比起前作更加难以分清树种，而且更加干枯，远山被"拉"到更远的地方——画面的最上部，倪瓒把萧疏感又增加了几分，使得这幅画更加"倪瓒"了。

这里，"隔"的感觉更强了。"隔"是文人山水画很重要的一种构图方式，也是很重要的一种心灵表达。隔开的水面表示自己尚在此岸，彼岸的山象征着一种可望而不可即的心灵家园，暗喻了无法逾越的距离感。研究中国古代绘画成就很高的著名美国汉学家高居翰，写的关于元代绘画的专著名字就叫《隔江山色》，这个书名很能表达元代文人画的画面特点和遁世心理。

有的画家喜欢用前景中的树叠在背景的山上，形成一种画面元素的连贯性，保持了所谓的"气"。但是，倪瓒的大多数作品，"隔"就是真的隔开了，不会用任何手法把两岸"连起来"，这也是倪瓒绘画"萧疏"感的重要来源。

淡

从技术上来说，一般认为是倪瓒发明了"折带皴"，也就是一种看起来像折带似的"皴法"，表现岩石结构的效果很好。不过，我们关注的侧重点并不在技法，而更在乎技法表达的内心世界。

倪瓒笔墨的最大特征就是干笔淡墨，而且这个"淡"拿捏得恰到好处。"淡"是一种"弱"的表达，是在"色彩"（水墨中就是灰度）上的减法，视觉上不夺人眼球，体现了疏远、虚无之感，也表现了画家对纷乱扰攘尘世避之不及的"消极"态度。这种消极态度，之于表达隐遁主题的文人画，反倒是一种"高级感"。

后世的画家喜欢倪瓒的非常多，模仿的也非常多，别看倪瓒的画构图简单，技术上也没什么复杂之处，不过仿得好的几乎没有。

倪瓒的超级粉丝董其昌动不动就"仿倪云林笔意"，但从来都不曾画出倪瓒的萧疏感，除了笔法上确有不同之外，倪瓒的"淡"实在是董其昌们模仿不来的，大概是因为董本身就不够"淡"吧。当然，董其昌的"仿作"自有他的好，不过这跟倪瓒原作要表达的思想已经是风马牛不相及了。

空

一般说来，山水画也多少会画一两个"点景"的小人儿，有渔樵耕读、策杖的老者、陪侍的僮仆……大多不会画得精细，主要是在山水里注入人的气息，或者表现人游走山林的路径，用现在的话说就是"工具人"。

除了早期的个别作品外，倪瓒绝大多数的画作都没有人，甚至没有鸟、没有任何动物。

而且，在他的画中，经常有一个几笔组成的空亭子，这是一个非常

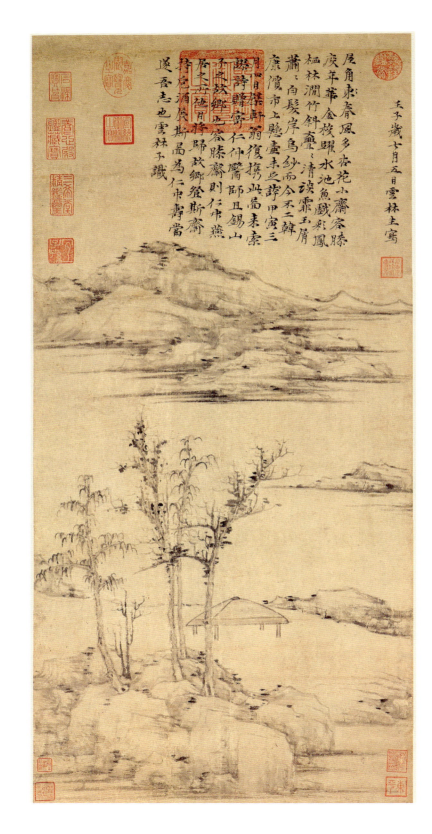

屋角春风多杏花，小斋容膝
度年华。金梭跃水池鱼戏，彩凤
栖林涧竹斜。鹤鬓清谈霏玉屑，
萧萧白发岸乌纱。而今不二韩
康价，市上悬壶未足夸。壬子三

月四日集斯翁复携此图来索
诗赠寄仁仲医师且锡山
予之故乡也。容膝斋则仁仲燕
居之所。他日将归故乡登斯斋，
持此酒展斯图为仁仲寿当
遂吾志也云林子识

壬子岁七月五日云林生写

非常"倪瓒"的元素。亭子表明有人的活动，但不画人又将这种"人的活动"虚化，这种实中带虚、虚中有实的做法，使人不再沦为画面的视觉工具，而成为提供给观看者想象和品味的重要元素。

在倪瓒的画中，有的会画空亭子，有的则不画（比如前面说到的《渔庄秋霁图》）。有人觉得空亭子可以被"减掉"，画面越简越好。但我不这么认为，"减法"不是"减无可减"才是最佳，这里也有个度。我认为"空亭子"是非常绝妙的一个意象，是倪瓒艺术的神来之笔，如果从来不画空亭子，倪瓒的后世评价恐怕不会达到现在的高度。（后世仿倪瓒的，大多也都画空亭子，但总是往具象了画，做了加法，画得太实，失去了倪瓒版空亭子原有的意味。）

无人还给画面带来了安静感，如果有人就有可以想见的说话声、走路声……人总是跟声音相伴。如果没有人的声音，那么山水之中就全都是自然的天籁，风声、水声、鸟声……这些纯自然的声音，尽管是"有声"，但彰显了安静，而这安静，就是声音上的干净。

倪瓒的画有很明显的"厌世"之感，而"厌世"主要表现为厌"世人"。他的山水空不见人，是因为尘世中的人，在他眼中充满了不洁之感，从肉体到灵魂，无一不脏、无一不躁、无一不俗，根本不配出现在他的画里，不配出现在他心灵的山水里。当时有人问倪瓒为什么不画人，他回答："天下无人也！"

倪瓒的"不俗"并不是"雅"，而是出世，是在雅俗之外的"超脱"。倪瓒的孤独，跟我们聊过的其他画家的孤独很不一样。他的孤独源于他的清高孤傲，他几乎睥睨一切，谁都瞧不上，感觉没有几个人能入他的法眼，没人有能力跟他交流，没人能真正懂他。他的孤独是一种"高处不胜寒"的孤独，绝大多数人是没有品尝这种孤独的资格的。

早期我看倪瓒的画时，我觉得这个"无人"是一种"代入感"，可以把看画的人代入到山水之中。面对一个空无人烟的风景，观看者可以全身心融入，自己就成了这个画的一部分。不管倪瓒本人怎么想，这都是解读的一个方向。

实际上，旅行也是同样的道理，我一直推崇一个人的旅行，很大程度就是觉得旅行要有代入感，没有旅伴才会脱离日常，其实是有助于融入旅行过程中，更深入地感受旅行。

我旅行拍摄风景时，也总是尽量不拍人，倒不是装清高、厌"世人"，而是因为人是画面中最不可控的因素，要想人在风景摄影中"恰到好处"，实在太难了，倒不如完全舍了更方便。

不过最近几年我渐渐觉得，倪瓒的"无人"也不一定要解读为"代入感"，就是很纯粹的"无人"，连观看者也拒绝"进入"画面又有何不可？"人"为什么一定要与他的画发生联系？"空"难道不是更加彻底的永恒吗？

灭

中国绘画有个重要的理论是"谢赫六法"，"六法"的第一"法"就是"气韵生动"，然而倪瓒画与这第一条就不符合，他的画一片死寂，没有气韵，拒绝生动。

佛教的四谛是"苦、集、灭、道"，其中第三个是"灭谛"，大概的意思是"熄止""厌离""解脱""涅槃"……倪瓒出身于道教世家，我不太清楚他是不是也多少信点佛教。不管怎样，我都从他的画里感受到了"寂灭"。

倪瓒用逸笔草草写胸中逸气，画出了不折不扣的"逸品"。不过作为观者，我们感受到的不只是"逸"的洒脱与随性，更是"灭"的彻底与决然。

他对于人世的绝望"清晰可见"，拒绝在画中表现"生气"。学（仿）

倪瓒的画家们，不仅没能表现出他的"淡"和"空"，更没有一个人能画出他心中的枯寂和决然。

我们再看一遍《红楼梦》里的那句诗："好一似食尽鸟投林，落了片白茫茫大地真干净。"这不就是倪瓒和他的画吗？

当然，有人会说，感觉倪瓒画的都是同一幅画，这种感觉没错，确实，一个画家的绘画风格一旦确立，基本上就是不停地重复和"变奏"。无论东方还是西方，除了毕加索这种极为少数的鬼才外，艺术家大多如此。反复画同一种风格的好处在于，可以长久地思考同一个问题，长久地探究同一种观念，从而深化自己艺术的表达。

还有一点要说明的是，山水画之所以叫"山水画"而不叫"风景画"，是因为山水是理想、是心灵、是形而上，它不是视觉，无须呈现真山真水，更不必表现风景的真实美感。我们喜欢一幅画中的山水，跟喜欢一处景区里的山水，本质上就不是同一种喜欢。甚至再大胆一点说，"文人画"某种意义上说都不一定算是"画"。

倪瓒如果还活着，一定对后世画家的追捧嗤之以鼻、不屑一顾；一定不喜欢我这种"俗物""外行"自以为是的分析解读。他更想成为空谷幽兰，当年泛舟江湖，就是希望被世界遗忘。

他是真正的隐者，大隐隐于心。

Wyeth

怀斯

"乡土"气氛浓厚的长寿画家

Wyeth

　　很多人都看过这样一幅画：一大片草坡，草的颜色不算太绿，甚至还有一整片草已枯黄；近景中一个年轻女子背对着我们，横坐在草地上，她扭过身去，头看向远处的房子；房子有两处，一处是明显的住宅小楼，车辙印形成的小路连接着它，另一处则像是储物的仓房，由于不相邻，看起来孤零零的。这幅画叫《克里斯蒂娜的世界》，是怀斯的代表作，也是收藏在纽约现代艺术博物馆的一幅世界名画。我们看的时候总会产生一个疑问，这个女子就是克里斯蒂娜吗？她为什么要以这样的姿态坐在地上？她的"世界"是一个怎样的世界？

　　这幅画成名后，很长一段时间里都会有从世界各地发出的信件寄给画家本人，大多都是提出同样的问题。

　　那么，在完全不了解背景的情形下，我们该怎么理解这幅画呢？半枯的草坡会有一种萧瑟之感，似乎是秋天已经开始了；画家虽没有画出明显的阳光，但在克里斯蒂娜身上画出了胳膊的影子，身上的光和影都有点偏冷色；她的身形很年轻，但凑近仔细看，她的头发中有明显的几缕白发，这个隐晦的细节暗示了她可能有些岁数；她胳膊十分纤细，体质看起来有点弱；她看向的远处应该是她向往的地方，她的动作并不是个坐得住的静态，加上背影的视角，显得孤独又无助；她看起来对那座房子充满了渴望，但又感觉它特别遥远、难以企及……我想这幅画的魅力也包括她动作的未知之感，只能让我们解读到她与房子之间的"羁绊"，

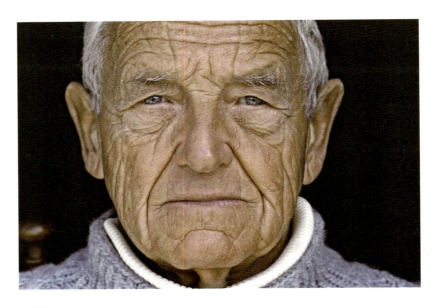

■ 怀斯

但无法获知更多。这给了我们想象的空间，这种隐秘性，也激发了我们对这个人和这座房之间的情感波澜。

那么真正的答案是什么呢？

这幅画的主人公克里斯蒂娜·奥尔森（Christina Olson 1893—1968）在美国缅因州库欣村，是画家在这里的住所的一位女邻居。她患有小儿麻痹症，双腿残疾不能如常人般走路，但性格倔强执拗甚至有些强悍，既不肯使用轮椅代步，也不肯让别人帮忙，所以很多时候她就如画中这样"爬行"的。怀斯跟她是朋友，之前也画过她倚靠在门上的肖像画，还画她的房子、她家的若干个角落……一直画到她死去。有一天，怀斯从自家的阁楼上瞥见了克里斯蒂娜正爬行着去往海边家族墓地，产生了灵感，于是画了这幅画。作这幅画的时候，克里斯蒂娜已经 55 岁，他对着她画了些初稿，而草地上爬行的背影则是由妻子替代完成的。他把场景也做了些改动，把克里斯蒂娜爬行的目的地，改成了她自己家的房子。从后来人拍摄的探访纪录片来看，这里并没有那么大一片看起来有些荒凉的草坡，远处的家周边有不少树，也不像画中那般孤零零的。我在地图上找到了这所现在已经成为艺术爱好者打卡地的房子（奥尔森住宅，地址：Olson House, 384 Hathorne Point Rd, Cushing, ME 04563 USA），从卫星图上来看，这里离海边也很近，按照常理，这样的位置很难给人干枯荒芜的感觉。

也就是说，这幅画来源于现实，也超越了现实，是怀斯把感受融进了现实之后重新拆分组合，创造的一个新"世界"。

一般人看到这里会感慨，这是不是表现"身残志坚"之类的主题？实际上，怀斯所表达的寓意更为复杂。

克里斯蒂娜·奥尔森的主要生活半径大概也不过就是画中所及的距离，所以这幅画是克里斯蒂娜的"现实世界"。逐渐枯黄的草地给人一种艰难和萧索的感觉，她拒绝使用"工具"甚至帮助，而是执拗地选择爬行，表明了她对待人生、对待世界不卑不亢的态度；她的形单影只既表明了她孤单的一种状态，也可以解读为独立自强的精神；她看向远方的视角，也可以理解为她内心里装着更大的世界，所以这幅画也是她的"精神世界"。

畅销书作家《孤儿列车》的作者克里斯蒂娜·贝克·克兰（Christina Baker Kline，她也叫克里斯蒂娜），正是受到这幅作品的启发，以画中的"克里斯蒂娜"为原型创作了小说《小小的世界》（*A Piece of the World*）。这本小说的海报上写着："每一个在自己的小世界里负重前行的人，都将活出属于自己的辽阔人生。"

那么，画家怀斯的"世界"有多大呢？

安德鲁·怀斯，生于宾夕法尼亚州费城郊外的小村查兹佛德，这里现在有一家收藏怀斯作品最多的白兰地河博物馆（Brandywine River

Museum of Art, 1 Hoffmans Mill Rd, Chadds Ford, PA 19317 USA）。他的爸爸 N.C. 怀斯是插画家，怀斯是他五个孩子中最小的一个。老怀斯非常喜欢写《瓦尔登湖》的梭罗，梭罗生于 1817 年 7 月 12 日，而小怀斯的生日恰好是梭罗百年诞辰日——1917 年 7 月 12 日。也许同一天生日确实会造就相似的性格，小怀斯与梭罗一样，都喜欢隐逸、幽静、内省、离群索居的生活（梭罗曾在瓦尔登湖畔独自居住两年）。他们的作品都质朴、自然而又深刻，只不过表现方式不同，一个是文学，一个是艺术。

怀斯小的时候身体不好，只上过两个礼拜的小学，就辍学在家，此后再没有进过学校的门。他的父母亲自教他，家里也聘请了家庭教师，所以他还是受到了很好的教育。父亲虽是插画家，但怀斯小时候画画基本上是自学的，直到 16 岁，老怀斯才正式对他进行系统的绘画教育。怀斯一家是个标准的艺术之家，不只他与父亲是画家，他的三个姐姐中有两个姐姐是画家，这两个姐姐的丈夫也是画家，另外一个姐姐则是作曲家。并且，怀斯的大儿子是画商，小儿子是画家，总之都跟艺术相关。不知道是不是因为主要是在家庭中受教育和成长的关系，怀斯形成了相对内向的性格，他的人际关系是比较封闭的。

父亲很会教育，并不是程式化地教他"技术"，而是非常强调体验、感受、发自内心，比如画肖像时他会让怀斯去触摸头颅、眼窝，用手去感知。

老怀斯喜欢康斯特布尔、米勒等田园风景画家，也喜欢丢勒、伦勃朗和美国画家温斯洛·霍默。其实从绘画风格来说，似乎怀斯受到这些画家的影响，比他父亲受到的还多些。父亲虽然也想做纯艺术家，但为了生活仍以画插画为主业。怀斯后来也一度有稳定的插画订单，但他还是不想有父亲的遗憾，坚定地走了纯艺术的道路。

他一生主要是住在宾州的查兹佛德，后来在夏季去美国最东北的缅因州度假，爱上了那里，并在那里认识了妻子贝茜，此后他也长住缅因

■ 示意图：奥尔森家与海边的距离

州的库欣村，甚至在寒冷的冬季有时也住在那儿。怀斯有几幅著名的代表作是在这儿创作的，所以这里对他来说，非常重要，可以说宾州和缅因州都是他的"故乡"。

这里还有个不得不说的"八卦"。前期主要的"模特"克里斯蒂娜去世后，怀斯在缅因州的邻居中又找到了一位女"模特"，她叫海尔格·特斯托尔夫（Helga Testorf），她是四个孩子的母亲，德国移民，给一位村民家里当看护。怀斯并没有像画克里斯蒂娜那样光明正大地画她，而是偷偷地画她，包括裸体，从1971年开始一画就是十五年，所有的作品都藏在阁楼里，连作为他助理的妻子都完全不知。1986年，怀斯打算办展，才跟妻子汇报，而这批多达240幅的"海尔格系列"作品被宾州的画商莱昂纳多·E.B.安德鲁斯用600万美元的价格买下，并先后在东京、华盛顿等地巡回展出。

这个事儿自然引起了艺术界和媒体界的各种"合理猜想"。《时代周刊》曾以《秘密模特》为题将这个事件作为封面故事。不过怀斯和模特海尔格都断然否认两人有男女关系。怀斯说因为他曾经在画别的女模特人体时引起了妻子的不快，而妻子又不愿意自己当模特，所以才决定偷偷创作。怀斯去世后，也有知情人出面佐证了怀斯的说法。其实这个解释挺合理的，他不肯离开这两个村子就不可能有职业的模特可画，在这么少的村民中，想找到愿意被他画裸体的邻居自然是难上加难，为了保住这个难得画裸体的机会，怀斯宁愿长久地守口如瓶。

除了宾州和缅因州两个"故乡"，怀斯似乎对"外面的世界"毫无兴趣，他除了作品展之外，也只是在这两个村子里待着，更是从没出过国。怀斯从来都不准备出国旅行，他说："我连身边的宝藏都还没有完全探测过，为什么不在一个地方长住，以便发掘得更深呢？"

他只画这两个村子里的"风景"和"邻居们"——当时宾州的查兹佛德村总共有140人，缅因州的库欣村全村只有25人，他的世界就这么大，他即使把所有人都画了，能画的也就这么多。所以说，"怀斯的世界"比"克里斯蒂娜的世界"虽然大点儿，但也没大多少。

怀斯用自己的画笔，把这个"小世界"画成了"大世界"。

■《冬季》，1946 年

说到这儿我又想到了日本电影《有熊谷守一在的地方》，这是一部以日本画家熊谷守一为主角的传记电影，他晚年时，从 1950 年到 1977 年（97 岁去世）近 30 年的时间，未曾出过自家院子，天天在自己建的小花园里观察一草一木、花鸟蝼蚁。1967 年，日本政府授予他最高文化勋章，他也因为嫌领奖麻烦而婉拒。可以说是艺术界的"宅"中"极品"。

　　怀斯一开始是画水彩，并取得了不小的成功，20 岁那年他就在纽约举办了个人画展，展出的水彩画被卖光了。怀斯对于水彩画的局限性以及自己的"技术"都不太满意，后来又用了插画家常用的一种干笔画技术，再后来又尝试了将素描与着色画法融合的方法，并将其用于蛋彩画，由此找到了最适合自己的艺术表现形式。

　　蛋彩画音译为坦培拉（Tempera），主要是用蛋黄与颜料调和，有时还根据需要配以亚麻仁油、蜂蜜、无花果汁、胶水等配料，曾在中世纪

■《克里斯蒂娜的世界》，1948 年

和文艺复兴时期非常流行，安吉利科、波提切利等人都是蛋彩画大师，特点是颜色鲜艳且不褪色，但是技法复杂，干得比油画快，通常有很多层，需要耐心和工细，画起来反倒慢，难度也大，后来逐渐被油画取代。因此，可以说蛋彩画这个已经淡出江湖的技法，被怀斯给"考古"了出来，据说他是根据书上记载的佛罗伦萨蛋彩画技法摸索出来的，并没有跟老师实际学过。实际上，怀斯学习并改良的蛋彩画，与意大利文艺复兴时期的蛋彩画，无论是表现手法还是色彩的呈现，都已有所区别。

怀斯说："我坚持用蛋彩画，是因为我喜欢纯正蛋彩画含有一种隐喻的特征，它没有油画的光泽，却带有干枯的实质。"

大家知道，怀斯所处的时代，是抽象表现主义引领潮流的时代，是波洛克、德库宁大行其道的时代。这时候突然出来的"村夫"怀斯，用已经被淘汰的"蛋彩画"技法，画具象的题材，表现的又是乡村生活，这三样在艺术界占一样都已经是很不时髦了，何况他还占全了。不过怀斯的出现并不是挑战，他只是默默地按照自己的想法画画而已。在他被艺术界认可之后，每当有人跟他提及波洛克等现代绘画大师时，他都会谦逊地表示，由衷地佩服他们的活力和气魄。

尽管不是时尚和玄学的抽象艺术，荣誉和认可还是接踵而来。有人说，在经历了抽象艺术的洗礼之后，怀斯让具象艺术又重获新生。

46 岁时他获得由肯尼迪总统颁授的"自由勋章"，这个勋章是发给作战功臣的，第一次颁给了他这个非军事贡献的人士，是非常高的荣誉。73 岁和 90 岁时，又分别获得老布什和小布什这两位总统颁发的"国会金奖"和"国家艺术勋章"。在美术馆里，怀斯的作品也广受欢迎，当然也始终有人认为他的艺术是过时的、乏味的。

怀斯 23 岁时结婚，不久后当了爸爸，艺术之路也比较顺利，但艺术风格还没有完全成熟。一场突然发生的变故改变了他——28 岁（1945 年）时，就在村子附近的铁路道口，一辆汽车熄火停在了铁轨上，被来不及

■《海风》，1947 年，画于缅因州

■《天使报喜》，安吉利科，木板蛋彩画，马德里普拉多美术馆

停下的火车撞到，车上怀斯的父亲和两个侄子当场毙命。

在此之前，父亲不只是慈祥的爸爸，也是给他建立基本艺术观和创作思想的一位决定性老师。怀斯本来身体就不好，父亲的突然离去给了他极大的打击，没过多久他又得了一场很严重的肺病，做了一个大手术，终究还是与死神擦肩而过。这些变故让怀斯见识了生命的脆弱与偶然，让他重新思考了自己的艺术，此后，他的画中始终弥漫着一股"怀乡主义"的感伤与苍凉。

1946 年，他画了一幅《冬季》，画面中一个男孩，戴着棉帽子，穿着一件肥大不合体的棉衣，从枯黄的山坡上跑下，身后还拉下清晰的影子。可能是速度太快的原因，男孩身体的姿态已经不太协调，显得有点儿失控。山坡边缘的栅栏处，还有点残雪……

这幅画是父亲去世一年后的作品。怀斯请村里的男孩艾伦·林奇（Allan Lynch）当他的"模特"——这个男孩曾经是父亲车祸的目击者，当时一直守候现场等待救援人员，而出事的铁路平交道口据说就在这个山坡后面的山脚下。

这个荒芜的山坡占据了画作的绝大部分面积，天空只有窄窄的一条，显得有些逼仄。而冷的不只是画面中出现的季节元素，还有山坡低饱和度的棕黄色带给人的感受。山坡像个土堆，暗含着坟墓的寓意；男孩的奔跑似乎是表达一种惊愕或者慌张，在怀斯的笔下，那个男孩就是失魂落魄的自己。他自己也坦诚，他画的每个人中都有他"自己"。

又过了两年，他画出了代表作《克里斯蒂娜的世界》，从画面色彩与构图上来看，与《冬季》颇为类似，自此他画中的"枯""冷""孤""空"等风格特征，已经形成。

枯。怀斯作品中常见的颜色就是褐色、棕色、橄榄色、卡其色、灰色……饱和度都很低，有时候近乎单色画，他基本上只画秋冬两季，不是这两季也画成这两季——大面积的山坡，要么是秋天夹杂着些许绿色

■《圣诞节之晨》，1944 年

的半枯，要么是冬季全无绿色的荒凉。他厌恶在作品中展现甜美气息，也不想表现生命力，而是想通过枯寂的画面表现生命走向消逝。他说："我偏爱冬天和秋天，你可以从我的风景画中体会出那种秋天的孤寂与冬天的死气沉沉。"20世纪40年代中期，世界处于战争阶段，艺术家都爱创伤主题，死鸟、枯叶、废弃的房屋是怀斯作品中常见的象征性元素。他说："你无须以描绘枪炮来捕捉战争，你应该要从秋天一片凋落的枯叶中去描绘。"

冷。怀斯画中经常有风，或者虽没有画出但能感受到的风，它不是那种和煦的风，但也不是力道强劲的极端天气，而是在降温的季节里吹起的让人想马上穿起厚衣服的风，伴随着有些许惨白的烈日下的光影，这个风给人一种微冷的感觉，让人很清醒，但情绪上也会突然有些许的落寞，并很快就陷入沉思。他一再地画那些黑洞洞的房间——地窖、阁楼、仓房，水泥墙、金属工具和陶器上的反光也是寒冷的，画中还经常出现帆布、木头、铁丝等粗糙质感的物体来强化视觉形象。他几乎从不表现温暖的感觉，即使是阳光，也都是留下冷色调的硬硬的影子——他画中的冷，是一种透彻的冷。

孤。也许是因为他从小因病没有上学的原因，常年一人在家，没有小伙伴，这让他习惯了孤独，认识了孤独，接受甚至享受孤独。他画的很多人物也都是形单影只的一个人，即使人多一点，也是彼此沉默或者没有互动。他们或独坐空荡荡房间的一隅，或者在窗边向外张望，或者如弗里德里希的人物一样留给观者一个背影。加上经常出现的悬挂的物体——绳子、挂钩、猎枪、马灯、衣架、玉米、渔网、纱帘等等——这种悬挂物处于一种不稳定的状态，会让人感到不安。他发现了孤独是人类的一个宿命，于是他平静地呈现这种宿命。其实这也是一种冷，人生的冷、人与人之间的冷。

空。"空"就是景和物的孤独。他在空间上大量的留白，或者通过对比的光影来强化这种空。有时候他用一个孤零零的人来表现"空"，而更多的时候，他会画很多很多空的房间、空的风景，裂墙、陈旧或者凌乱的物品、压迫式的狭窄空间，都让房间有了走向永恒沉寂的味道。他说："当你感觉风景的骨干结构时，你得到的是一种孤独——一种死亡的感觉。"

因此，不管是枯与冷，还是孤与空，他的终极表达可能是——死亡。他虽然不像勃克林那样把理解死亡当作主题，也不像其他画家那样把死亡直接画出来，但是他的作品几乎无一例外地"通向"死亡。

他认为自己的作品不是"忧郁"，而是"有思索性的"。他说他经常思考、幻想过去与未来的许多事情——永恒的岩石和山崖，所有存在这里的人。

从艺术流变的角度来看，他的画也可以说是"不超越现实的'超现实主义'""不脱离具象的'抽象'"。

先说"不超越现实的'超现实主义'"。

怀斯早年画过超现实主义风格的作品，其中《圣诞节之晨》《翱翔》就很典型，虽然这一类的画作不多，但毫无疑问，超现实主义影响了他后来的创作。虽然他的很多画看起来是现实的、真实的场景，但画面呈现的感觉和气氛是梦境的。他经常画的一个男模特库尼尔（Kuerner）去世后，他画了一幅《春》，画中库尼尔的裸体（也可以认为是尸体）躺在一片枯草地上，这个尸体被积雪覆盖，这幅画的表现形式，无疑是超现实主义。他基本上不会对景写生，很多画面都是使用要素组合的方式创作，这种方式给了怀斯营造氛围、表达精神世界的自由。所以，他的写实绘画，其实是借用了超现实主义的某些手法，也达到了超现实主义对于潜意识的刻画。

■《春》，1978 年

再说"不脱离具象的'抽象'"。

抽象的本质是"提纯"。怀斯的很多作品都是极简的，但不会简到你看不出来他画的是什么，在一幅具象画作中，他也会在某一个局部使用抽象化的手法。虽然没有画艺术界公认的那种"抽象画"，但跟本书介绍的另一位画家莫兰迪一样，怀斯也认为自己是抽象派画家。只是，他理解的抽象，是一种更加广义上的概念——他的方法是"高度抽象的精髓"。他说："当你认真凝视时，即使是单纯的事物，也能感受到那种深奥意义，从而产生无限的情感。"也就是说，他的"抽象"是对于绘画对象深度的认知，是一种精神的抽象、本质的抽象，而非形式的抽象。

对于艺术界的抽象艺术，他既表示理解，但也有自己的看法。他说："抽象主义者摒弃绘画对象，因为这是他们挣脱受描绘物束缚的方法，只要随性加上色彩与气氛，不必顾及主题局限。但我不满足这种方式，为什么我们不能加上一点真实以便更了解它？一定要画得那样莫名其妙吗？"当然，可能对于抽象画家来说，不"莫名其妙"就谈不上"艺术"

了，在艺术观上，没有谁对谁错，只是理解上的不同而已。

怀斯的作品还有一个值得关注的特点，就是他浓浓的"美国味"。早前的美国具象画家都是学欧洲，随着时代的发展，很多艺术家也有了表现美国气质、美国味道的自觉。怀斯的《克里斯蒂娜的世界》与惠斯勒的《母亲》、格兰特·伍德的《美国哥特式》一起，被认为是最能代表美国精神的艺术品。他喜欢的温斯洛·霍默和爱德华·霍珀等画家，也都是发现了美国的生活与欧洲的明显不同，并在作品中呈现美国味道。

很多人都认为怀斯与霍珀很像，他们都是画孤独的人、孤独的风景。霍珀的画作题材有更强的时代感，尤其表现都市中人与人的疏离，这与霍珀的生活分不开。同样怀斯的作品也是与自己的生活分不开，他将所有的注意力集中在自己的小天地——两个村庄里，没有那么强的时代性，但他们都很诚恳、很深刻，他们都看到了人类生而孤独的本质。

■《系泊桩》，1962 年

■《翱翔》，1950 年

■ 电影《1917》剧照

怀斯喜欢的霍默、霍珀和怀斯本人都是我很喜欢的画家，这种喜欢主要还是因为精神共鸣，应了"什么人找什么画，什么画等什么人"的美术馆法则。所以看画有时候就是在欣赏的过程中发现自己、了解自己。

中国改革开放之初，西方艺术更多地被介绍到中国的艺术界，当时很多美院体系的师生，面临一个困境，常年的写实主义美术教育让他们面对西方现代艺术无所适从。如果转向纯现代艺术，他们所有的教育都要归零，但是沿着苏联的写实主义体系走下去，又觉得缺乏艺术的张力。这时，欧美一些个性化的写实绘画给了他们很多启发。这其中有通过展览被了解的法国画家勒帕热，也有通过《世界美术》杂志被认识的安德鲁·怀斯。很多画家在"乡土"气氛中找到了自己的方向。这其中，如何多苓的《春风已经苏醒》、艾轩的《冷雨》，应该说他们在形式上学得还挺像，但画中呈现的气氛以及深度则有很大不同。

去年大热的电影《1917》，其摄影风格有很多地方都有怀斯画作的影子——构图的方式、大面积的草坡、些许干枯的色彩、人物苍白的脸色、造型的线条感、远方不太直的地平线……但是我在网上找不到电影导演受怀斯启发的报道，所以这只是我一种直觉猜想。看两张剧照，大家自己感受一下。

萧瑟的秋风、枯黄的山坡、浅浅的积雪、孤寂的人们……

怀斯曾说过："对我而言，绘画不是出门去找好风景，而是去寻找那些伴随我成长并且曾为我所深爱的东西。"他长久地观察和感受一个很微小的地方，使得这种观察和感受是异常深化的，这种深化不只是一草一木的熟悉，而是深刻地理解由这些一草一木构建的人、物、生命、时光、天地。

怀斯画的只不过是美国东北部的两个小村庄，但其小小的世界表达出乡愁的微凉、天地的死寂以及人生的况味，是世界的、永恒的，所以自然也可以打动身处遥远国度的我们。

Caspar David Friedrich

弗里德里希

背对着世界是一种崇高的悲伤

Caspar David Friedrich

　　"浪漫"这个词，在中文的语境中，富有诗意、充满幻想，有时候还有风流之意，主要是与爱情相关，听着就很美好，让人心动。又因为它与英文 Romance 同音，所以它也被认为是"音译词"。它很早就存在，在宋代的诗词里就能找到它的身影，只是"Romance"舶来时，恰巧被用作"音译"了，意思上也挺合适。

　　因此，我们从字面上理解"浪漫主义"时，很难脱离"浪漫"的词义，实际上，"浪漫主义"中的"浪漫"要比我们日常理解的词义宽泛、宏大得多，而且也并不"美好"。这是语言的局限，也是语言的吊诡。

　　浪漫主义是文学、音乐、美术领域的一种大"思潮"，追求的是内心情感的强烈外化，感性占据上风，因此相关的文艺作品主要表达直觉、感受和想象力，追求的是"主观真实"，而不是拘泥于所谓的"客观现实"。在文学领域，浪漫主义有歌德、拜伦、雨果、普希金这样的文豪；在音乐领域，浪漫主义则起步于贝多芬晚期，柏辽兹、肖邦、柴可夫斯基、马勒、德沃夏克都属于这个范畴；在绘画领域，浪漫主要表现为"奇绝""幻想""悲情""灾难""梦境"……其中代表画家德拉克洛瓦的《自由引导人民》《萨丹纳帕路斯之死》，契里柯的《梅杜萨之筏》，透纳的《暴风雪：汽船驶离港口》，戈雅的"聋人屋"黑色系列……一幅幅看过来，反倒是残酷、恐怖、绝望，情感是激烈的，思想是深邃的，这些浪漫主义的名作其实很不"浪漫"。

■ 弗里德里希自画像

浪漫主义是在启蒙运动之后，是对理性占据绝对话语权的一次人性"反击"，他们对美学的认识进一步深化，反对把人工具化、物质化，痛恨新古典主义的八股式创作，用感性把人从极端理性中解放出来，让人重新成为文艺创作的主体。浪漫主义并不是一个流派，而是一种风格，或者说是一种美学观。

浪漫主义中的关键词是"崇高"，这个词和"浪漫"一样，很容易被误读。"崇高"在中文语境中通常是一种道德化的概念，形容人的品格高尚，尤其是指那些为了他人、为了大众献身的英雄，以及一种极高的理想或者境界。

在美学领域，"崇高"通常并没有道德判断，翻译成"壮美"更为合适。"崇高"主要是以激越的感性、磅礴的力量、雄伟的气势，给人以心灵的震撼和精神的鼓舞；它会触动欣赏者产生敬畏之心，甚至会产生某种程度的恐惧，油然而生一种庄严感，引起敬仰和慨叹，从而获取更为开阔的境界。浪漫主义常以"美与死亡"作为创作主题，濒死的焦虑越发能强化人的存在感，从而达到一种刺激性的美学体验。

《关于我们崇高与美观念之根源的哲学探讨》的作者埃德蒙·柏克（Edmund Burke）这样解读："秀美的事物在观赏者心中所引起的是甜蜜、温馨、可爱，是安全的愉悦和激动。与之相对，崇高使我们体验到一种神秘的超验力量，心中不由得充满敬畏甚至恐惧。"

最能通过风景的"崇高"来展现人之渺小的画家，就是德国画家卡斯帕·大卫·弗里德里希（Caspar David Friedrich）。

很多与"浪漫主义"有关的书，都爱选择弗里德里希的《雾海上的漫步者》作为封面，百度百科也用这张画作为"浪漫主义"条目的"概述图"。按理说，浪漫主义艺术里最知名的画家应该是德拉克洛瓦，但显然《雾海上的漫步者》更能清晰地阐释"浪漫主义"与"崇高"这些核心概念的意涵。

在浪漫主义之前，风景画的地位并不高，排在宗教画、历史画和肖像画之后。之前的风景画也只是表现自然风光之美，或者在古典主义的"艺术公式"里呈现古希腊、古罗马式的"高贵的单纯、静穆的伟大"，是一种标准化的完美。

弗里德里希发掘了风景画的另一种可能，用风景表达内心情感、所思所想，甚至宗教情怀。

在《山上的十字架》这幅祭坛画里，他在山巅上画了十字架，周边并不是宗教场所，而是几棵同样耸立的松树，树的形状是高高的尖尖的，很像是传统哥特式教堂的样子，十字架处于最高的位置，还有几束光从山脚下投射到山巅，投射到十字架上，照亮了受难的基督，这表达了宗教在他心中的分量。他本人对这幅画有过阐释：山体上的岩石代表着基督教信仰的坚定，松树和爬在十字架上的常青藤代表着人类不绝的希望，落日代表耶稣离开人世，但他身上的光芒表示他的光辉依然照耀世间。弗里德里希还为这幅画专门设计了画框，画框的下部有个三位一体的三角形，三角形里有一只眼睛（无所不见的上帝之眼），此外画框里还有葡萄藤、麦穗、小天使、拱券等宗教画中常见的寓意元素，弥补了这幅画中传统的寓意元素不充分的"不足"。

画中山后射出的几束光很像是现代才有的探照灯光柱，我们熟悉的20世纪福克斯电影公司的片头Logo就有这样的光线，但在19世纪初应该还没有这样的人工光源，只有在极为罕见的天气条件和地理条件下才会有这样的自然光芒，所以这很可能是画家根据表达需求进行的一种合理想象，即心灵的风景。

但是这幅画饱受争议，一方面是在画种级别中，宗教画地位很高，而风景画地位较低，风景画用来表现宗教题材是一种"僭越"（潜意识中是认为风景画不配）；另一方面，宗教画有它固有的模式，场景中画什么元素，象征什么主题，都是有"规范"的，画家无权以个人化的理

■《山上的十字架》，1807—1808 年

解来表达宗教。批评家还吹毛求疵地说他没有遵循透视法原理。弗里德里希回应道："通往艺术的道路是无限多样的。"其实，艺术正在悄悄地开始从古典走向浪漫的"革命"。

弗里德里希的画并不直接画宗教故事、宗教人物，更多的时候是用隐秘的方式表达宗教感，或者只是呈现一种宗教气氛。纵观弗里德里希的作品，或隐或现的宗教元素无疑是他表现最多的主题，很多画中都有高耸的树、帆船的桅杆、远处教堂的尖顶……这种直挺挺向上的"线条"，都体现着哥特式"直指天堂"的宗教美学。另外，岩石、墓地、废墟、落日也都是他常常使用的具有宗教感的绘画要素。他关注的是宗教的本质，而非宗教的表象。为何他如此痴迷于宗教呢，仅仅是出于信仰吗？

1774 年，弗里德里希出生于德国东北部临近波罗的海波美拉尼亚的格赖夫斯瓦尔德（Greifswald），当时那里还隶属于瑞典。弗里德里希小时候衣食无忧、家境优越，家庭讲究的是内省的虔诚新教信仰，父亲对他的教育也很严格。然而，幸福并没有那么长久，灾祸持续袭来。7 岁时，他的母亲去世，次年，一个姐姐去世；13 岁时，哥哥克里斯托弗在一次滑冰运动中，为了救落入冰水的他而死，这让他对自己活下来充满了负罪感；17 岁那年，他的另一个姐姐自杀。这一连串的死亡，造成了他挥之不去的心理阴影。成年后，他一度深陷抑郁症中，曾经割喉自杀，但没能死成。脖子上留下了割喉的刀疤，后来他一直留着胡子来遮挡疤痕。这段童年和青少年时期的伤痛，应该是他作品中关于天地、生死、宗教等主题的发端，而绘画既是他的事业，也是他一生都在进行的自我疗愈。

20 岁时，他前往哥本哈根艺术学院上学，24 岁毕业后去了德累斯顿，任教于艺术学院，并在那里平静地工作和生活。德累斯顿是萨克森选侯国的首都，有着华丽的巴洛克建筑，也有易北河谷的自然美景。在德累斯顿东南部与捷克相邻的地方，有一处非常险峻的山区，叫作"萨克森小瑞士"，那里层峦叠嶂、巨石嶙峋、悬崖峭壁，有着丰富的地貌景观。尤其是白垩砂岩岩石，形成了柱状、塔状的石山，用我们熟悉的景观做类比就相当于"德国的张家界"。海边城市出生的弗里德里希爱上了这里的山，故乡的大海和这里的山峰给予了他很多的思索和感受，自然是他获取创作灵感的重要源泉，因此风景画成了他最终的选择。

信仰方面，小时候受家庭影响，长大后受到神学家戈德哈德·路德维希·科泽加滕的影响，科泽加滕是一位牧师兼诗人，他把自然看作神性之显现，宣称"对上帝所创造的自然的个人体验，会导向对神性更深刻的理解"。这样的观念，也成了弗里德里希用风景画来表现"宗教感"的"理论基础"之一。

他一开始只是用铅笔来绘制风景，直到 1807 年才开始画风景油画。他并没有像以往风景画家那样，只表现风景的美感，他遵从自己的内心，不只是画看到的风景，更要画自己感受到的、思考了的风景。他说："画家不应该只画他面前的东西，也应该画他在自己心里看到的，如果他的心里一无所见，就应该停下画他面前的东西。"

2011 年，中国国家博物馆改扩建完工，重启后的第一个国际交流大展就是来自德国的"启蒙的艺术"，大展中展出了弗里德里希的《雪中石冢》，那也是我第一次看到他的作品。说实话，即使当时有培训老师的讲解，也看不太明白。后来出境游次数多了，弗里德里希的作品看得也多了，慢慢也就体会到了画中所表达的含义。所以，对于一个画家，想通过一幅作品全面地了解他，其实不太可能。

这幅画也是他早期的风景画，并没有直接的宗教元素。在天寒地冻的山上，一片雪地中兀立着三棵枯树，稍远处也有几棵小树，再远的地方就被寒雾笼罩，分辨不清了；右前方树下的一侧有一只不起眼的小鸟飞过，黑色的羽毛越发显示出季节的严寒和森林的空寂；三棵树几乎以等距离的方式排布，有一种均衡、稳定之感，三棵树的颜色也根据距离观画者的远近，呈现出不同深度；三棵树中间有几块石头，其中一块很大的石头在最上面，压住了下面的几块小石头，给人一种叠放的感觉，不太像是自然形成的，没错，这就是一个石冢，而包围着它的三棵树则似乎护佑着逝者。画家并没有刻意去制造风景的美感，相反创造出苍茫的清冷之感，画中透出的神秘与静谧，与死亡的主题十分契合。

石冢（也叫"支石墓"）在全世界各地都有，欧洲北部比较常见，是一种史前坟墓。这种坟墓本身就有一种很强的神秘感，石头摆放的造型类似于一种秘符，通常被理解为生死循环。

枯树的画法很像中国的山水画。枯树因为只呈现线条，视觉上也远比繁茂的树更有张力，更何况"寒林"本身就意味着萧索与凄清，因此更给人一种生命的况味。

之前也讲到过，少年时期，至亲们接二连三地离世，给他留下了很大的心理伤痕，他自己也曾抑郁自杀，因此"死亡"是他心里解不开的心结。他说："我常扪心自问，为什么经常选择死亡、短暂和墓地作为我的绘画主题？为了获得生命的永恒，我们必须直面死亡。"

石冢与枯树这些跟死亡相关的元素，也一直是弗里德里希经常画到的题材（有些不是"石冢"主题的画中，也会出现类似于石冢的石块组合），所

■《雪中石冢》，1807 年

■《海边的修道士》，1808—1810 年，110 cm × 171.5 cm

以很明显，他不是真实风景的记录者，而是把自己的内心世界与可见的风景进行融合并重构。

他说："闭上肉体之眼，用心灵之眼去'看'你的图像，然后将你在黑暗中'看'到的事物置于阳光下，如此一来，它就可以由外而内地打动别人。"

他画无人的风景，也画身处风景中的人。

《海边的修道士》是他早期的作品，画面非常简单，只有天、海、地、人，这似乎囊括了人类可感知世界的几个最基本要素。值得注意的是，天海相交的地平线是极其阴沉的，而海面则是最暗的颜色，岸边的人以这么暗的海水为背景，因此，很难看清楚。天与海颜色很压抑，站着人的岸（地）反倒泛白，与海天形成反差，也托起了"人"。画面绝大部分留给了天空，天自下而上形成了不同的层次，是不"白"的留白。天上有云，但并没有画得特别具象，画中有两条横向线条，一是地与海相交的自然曲线，二是海与天相交的直线，也就是我们所说的地平线，而人是画面中唯一的纵向"线条"，虽然很短，但无论是在画面的构图上，还是在暗示人与自然的关系上，都处于"画眼"的位置。阴沉的天空和大海一反晴朗时开阔的样子，更像是一块封闭的幕布，将人罩在其中，令人窒息。天地中的人只见小小的背影，在阴暗的苍穹下显得分外孤单——自然与人的关系，一目了然。

日本设计大师原研哉为无印良品设计的海报《地平线》（乌尤尼盐湖），构图和意境就与这幅画有些许类似之处，不知道是否借鉴了这幅画。对于把"地平线"作为设计的核心要素，原研哉说："这是因为我们想让人们看到一个能够体现普遍的自然真理的景象。当人立于地平线之上，会显得非常渺小。这幅画的画面虽然单纯，却能深刻地表现出人与地球之间的关系。"他的这段阐述，用来理解弗里德里希《海边的修道士》里的地平线，也同样恰如其分。

根据资料记载，这幅画在 X 射线之下显示出，画家还画了一弯月亮，及远处的两艘帆船，船在与汹涌的浪涛搏斗……月亮与船，这两个元素也经常出现在他的画中。但是，弗里德里希最终抹掉了这些细节。表达与自然的抗争虽然比较"正能量"，但并不是他想在画中表达的，因为他不想让画的主题如此的直白和俗套，他希望画的主题更为宏大和抽象。最终他让画面呈现出"减无可减"的极简效果，也就是说能让画面产生更具体、更真实的要素，都尽量删减掉了。最终这幅画变得非常单纯，甚至近乎抽象，人在天地苍穹中的渺小也更为鲜明。也正是因为这样，这幅画才有了更强的代入感，我们似乎能以画中人的位置，感受广阔但却压抑的天空。

在这幅画中，我们又看到了弗里德里希的另一个标志化形象——背影。

画背影并不是弗里德里希的独创，甚至在德国，就有这么一种专门的画种叫"背部人物"（Rückenfigur 德语），这种画在英语中叫

"rearview figure"，译为"后视图"。

弗里德里希从最早的创作开始，他画中的人物就大多采用了背影。有天地之间渺小的背影；有尺度稍微大一点的群像式的背影；更为人熟悉的是"顶天立地"式的大比例"背影"。

我们看两幅同样画于 1818 年的作品。

《雾海上的漫步者》是弗里德里希的代表作，这个伫立山巅眺望远方的背影也是艺术史上的经典形象，是"浪漫主义"的代言人。

背影画有个最大的好处，因为没有了具体的面孔，他就不再具体指代谁，因此可以直接进行情感投射，观看者可以把背影替换成想象的任何人，甚至就是自己。我上大学时构思过一幅画叫《毕业》，因为不会画画，这幅画始终存储在我的脑子里——就是一幅面向喧嚣社会的背影，我们每个人都可以把那个即将走出校门的年轻人，换成自己。

背影第二个作用是将观画者与画中人的视角统一起来，我们与画中人看到的风景完全一样——既是观看方向的引导，也是为了与画中人产生共鸣。

背影具有天然的孤独属性，也提供了一种寂寞以及神秘感，是用节制来表现丰富内心世界的载体。

背影还有很强的拒绝感，拒绝与观画者直接交流，而是引领我们共同观看、共同感受，是一种此时无声的心领神会。

《雾海上的漫步者》中，一个登临山巅的绅士，穿过雾海、穿过重山，望向遥远的云之彼端，颇有一种"临碣石、观沧海"的气度、"山高人为峰"的豪迈，但也有一种未知的神秘——他是谁？他为什么要爬到山巅？他在看什么？山峰给了他怎样的感受？他会向往远方更高的山峰吗？

有人说这是献给已逝的萨克森步兵团少校的画，更多的人认为这是画家的自画像。服装并不适合爬山，这里可能是用来表示身份，而且衣服的颜色和质地容易与岩石的颜色与质感形成呼应——一种坚实和永恒的感觉。

在这幅顶天立地的人物背影画中，风景并没有失去它的重要性，画家以古典化的构图手法，精心构建了山峰、云雾、人之间的位置关系。无论是画中人、脚下的悬崖巨石，还是远处看起来陡峭的石壁（尤其是画右侧远方那块兀自耸立的巨石），都一如既往地隐隐表达着信仰的坚定。如果从宗教的角度来理解，远处的山峰也象征着天堂、象征着救赎，而云雾本身就是离上帝最近的标志，常常用来象征崇高。

很多风景画都会将风景（尤其是山景）放置在"须仰视才见"的位置，本画中自然景色从高高在上转移到了平视的角度，甚至被踩在脚下。中景的岩石呈现出山峰的形状，远景的平川看起来反倒更为和缓。这样的风景构图使人被抬高了，传达出了一种空旷辽阔、一马平川的感觉，也让人成为一个可与自然平等对话的主体。人处在画的中心位置，画面中隐藏着若干条"辅助线"，看起来都像是由画中人辐射出去的，这进一步强化了人的主体地位。

这幅画也很好地诠释了浪漫主义的"崇高"，也就是我们所说的"壮美"。人在高处往下看本来就会产生非常符合"浪漫"概念的恐惧，这种"安全"的恐惧带给人一种有益的刺激。而且，伫立山巅的只有一个人，这也让画中的"茕茕孑立"直面"莽莽苍穹"有了特别悲壮的美感。

他说："我必须形孤影单，以便观察与感受自然；我必须沉溺于周围的一切，与那些云团和岩石融为一体……因为同大自然交谈时，我需要这种孤寂。"对于画家来说，孤独不只是被动的，更是主动的，他需要沉浸在自我的世界里，才会有更加透彻的感悟。

当然，也有人觉得，画中人前面的山崖之下，看起来是一个空洞的深渊，那么，作为一个有过抑郁症曾经割喉自杀的人，是否也意味着他在表达一种"死亡冲动"？向前一步就是自我毁灭？这么理解，也不是不可以。

■《在帆船上》，1818—1820 年

■《窗边的女人》，1822 年

1818 年，他与克里斯蒂安结婚，婚后育有三个孩子，家庭的美满让弗里德里希不安的灵魂渐渐平复下来。

1818 年，除了《雾海上的漫步者》，他还创作了《在帆船上》。帆船是他特别喜欢的绘画主题——大多数画中帆船的桅杆高高耸立，刺向天空，而纵向的桅杆与横向的桅杆还会形成"十"字，这也是弗里德里希喜欢的一种宗教隐喻。他的故乡格赖夫斯瓦尔德是著名的港口城市，在这里长大的人，都懂得帆船意味着什么、桅杆意味着什么——除了那些"形"上的隐喻之外，帆船则是联系着此岸与彼岸、他乡与故乡，桅杆不只是船的动力，也确定了船的方向，同时还是船与船、船与陆地联络的重要工具。仔细想来，建在海边市镇的教堂尖顶，除了其宗教意涵外，似乎也有确定地标、为船指路的实际功用。《在帆船上》是一幅双人背影画，画中一对男女坐在帆船的船头，望向远方海岸的教堂尖顶。考虑到这幅画是在结婚那年所作，这幅画所表达的意思，我想也是很容易理解的。

这里有个小攻略与读者朋友们分享一下，在圣彼得堡艾尔米塔什博物馆的总参谋部大楼（冬宫广场的对面），其中一个展厅里有弗里德里希的多幅画作，包括这幅《在帆船上》。如果大家有机会去圣彼得堡冬宫，千万不要错过。

另外一幅经典背影形象是《窗边的女人》，画的是妻子克里斯蒂安，创作此画时他们已经结婚四年。与之前荷兰画家维米尔作品在窗边"借用"光源的目的不同，弗里德里希让画中人向窗外张望。窗子在正前方，因此女子是背面朝向观画者，我们似乎很想再往前走几步，甚至与画中人一并站在窗口，看看窗外到底是怎样的风景。

窗子上半部分比较透光，玻璃窗中间的窗格正好是"十"字，这是画家一贯的宗教隐喻；窗子下半部分只有一个可以打开的小窗，让人感觉女子受困于房间之中，而小窗又被女子遮挡了大半，只能隐约看到外面的树，以及一高一矮两根桅杆——这也变相告诉我们，这是一座岸边的房子，房子外面是河道，多少是有些热闹的，与房间的寂静形成鲜明对比。

画中的墙壁、地板、窗户上出现了大量的几何式构图，这种规整很符合北部欧洲地区的绘画特征；女子长裙上多条柔和的曲线，恰好与几何线条形成了呼应。窗外长桅杆向右倾斜、女子的身体向左倾斜，也很好地平衡了画面的构图。

如果说《雾海上的漫步者》画出了男性带有一种气魄、一种雄心的孤独，那么这幅《窗边的女人》则画出了当时女性受困于家庭的一种宿命的孤独，一个是面对云雾缭绕的远山和苍穹，一个是透过狭窄的小窗透透气、见点儿阳光——两个背影、两种孤独。画家对不同性别在社会中角色的理解，无疑是悲悯的、深邃的。

再看一幅他的"群像"风景画——《人生的阶段》（也译作《人生舞台》），这幅画大约作于1835年，那时的他61岁，已临近生命终点，有资料说这幅画画于他第一次中风之后。在这幅画之后，弗里德里希的身体每况愈下，几次中风，他便只进行更为简单的创作，很少再画油画。

晚年的他，对于死亡和孤独的执念，已被家庭的温暖治愈，面对走向衰老的身体，他却有了老年人特有的人生慨叹。画中有海、有石，也有帆船、夕阳，这都是他最常画的东西。中景看起来是一个美满家庭——海岸的石头上两个小孩举着瑞典国旗（故乡格赖夫斯瓦尔德当时属于瑞典）：据有些资料介绍，伏在地上看着孩子玩耍的年轻女子，是以画家长女为原型创作的，代表着青春；转身正面朝向观画者的男子，则是以画家的外甥为原型创作的，代表着成年（如果不了解背景直接观看的话，我们更容易认为男子和女子是孩子们的爸爸妈妈，其实这是更为合理的解读）。前景是一位迟暮老人的背影——仍然是背影——我们很难判断他与这个家庭的关系，如果具体地猜，可能是爷爷？外公？如果可以不用那么具体，我们也可以认为这是"看客"，他在羡慕地看着这个温馨美好的家庭生活场景。当然，无论是谁，我们都大概能想到，这可能是画家本人的化身，走向年迈的他，对于生活，对于幸福，有着更为朴素的领悟。

当然，这也正好是人生的几个阶段，童年阶段、青年阶段、成年阶段、老年阶段。相对应地，海上的帆船，也可以这么划分，小小的帆船就是童年，大大的正要启航的帆船就是成年，而已经驶向远方、驶向夕阳西下的地平线的，应该就是对应人生的暮年吧。在前景中的岸上，还有一只倒扣的小船，也有人觉得这似乎寓意着死亡。虽然这幅画不再表现人的孤独，但是通过一生的"回顾"，展现出对人生的眷恋——岁月更迭、生命短暂，即使平安长大成人，也很快就会走向终点——画家品出了人生的另一种味道。

当我们谈起弗里德里希，还是会想到那些神秘、坚定的背影，看画的我们站在"他"的背后，那一刻，他和我们都不再孤独了。

■《人生的阶段》，约 1835 年

Bocklin

勃克林

探索诗意死亡的灵魂大师

Bocklin

写这篇文章的时候，正是 2020 年新冠病毒横扫世界的日子，全世界 212 个国家和地区陷入疫情。而疫情面前我们似乎再一次意识到，死神并没有走远，它随时会以不同的面孔降临人世。

灾难、战争、瘟疫、死亡……这些本来就是艺术家很喜欢表现的主题，苦难的艺术更具感染力，也更能趋近于生命的本质，同时，死亡也是宗教艺术喜欢涉及的题材。

以死亡为题的名作，我们随口就能说出——米开朗琪罗的《圣殇》、老彼得·勃鲁盖尔的《死亡的胜利》、博斯的《尘世乐园》、契里柯的《梅杜萨之筏》、大卫的《马拉之死》、莫奈的《临终的卡米尔》、高更的《我们从哪里来？我们是谁？我们到哪里去？》、蒙克的《病室里的死亡》、毕加索的《格尔尼卡》、列宾的《伊凡雷帝杀子》……

我第一个想到的死亡题材名画，是瑞士画家勃克林的《死之岛》，与这幅画相遇则完全是一次意外的邂逅。2013 年去德国旅行，在逛老国家美术馆打卡诸多名作后，浏览其他作品时发现了它，当时有一种被惊到的感觉，但展牌是德语看不懂，旅游手册的看展提示里也未提及，于是匆匆拍了照片留档。此后，这幅画一直在我的脑子里萦绕，以至于我始终把它与老国家美术馆联系在一起。后来在一本德国艺术的书里恰巧看到了这幅画，才知道是很不寻常的作品，作者是象征主义大师勃克林。

象征主义与勃克林

"象征主义"的概念出现在19世纪80年代,这个词是法国诗人让·莫雷亚斯首创,他说:"象征主义给抽象观念套上了有形的感官外衣。"象征主义画家不再努力表现外部世界,而是通过象征、隐喻和装饰性的画面来表现虚幻的梦想,给人以启示。从绘画技法上来说,偏于浪漫主义,主题上不是现实世界,而是梦境和内心世界,但形式上是具象的。

同样都是画梦境,它与后来的超现实主义也有所不同——首先是两者时期不一致,所以其思想来源也不一样;超现实主义受到弗洛伊德学说的影响,很注重表现潜意识,而象征主义时期还没有相关的理论,他们主要是重视画面的暗示和象征性,表达是含蓄的。因此,象征主义绘画的主题经常是噩梦、宗教情绪以及死亡等。

象征主义当然不只是在绘画领域,在文学领域也有诸如波德莱尔、兰波、马拉美等诗人。所以象征主义绘画,也会表现那种诗意和戏剧性。"象征主义"可以认为是"超现实主义"在探索人内心世界上的一个"前辈"。

阿诺德·勃克林（Arnold Böcklin）1827年10月16日生于瑞士巴塞尔的商人家庭,1901年1月16日卒于意大利。他早年曾在德国的杜塞尔多夫学习风景绘画。杜塞尔多夫画派是德国古典艺术向浪漫主义过渡的重要画派,勃克林受到严谨的学院派造型技巧的训练,并认识了哲学家费尔巴哈,两人成为好朋友,也因此受到德国哲学的影响。他1848年来到巴黎,喜欢法国浪漫主义大师德拉克洛瓦的风格,倾向于富有深刻哲理的想象风景画和神话题材作品。此后他到处旅行、学习,曾到过布鲁塞尔、苏黎世、日内瓦、罗马和地中海沿岸地区,参观文艺复兴时期大师们的作品,罗马的古典艺术品为他以后的许多重要作品提供了灵感,那不勒斯和庞贝的壁画对他的技巧和画风也产生了影响,这些经历使他的作品风格带有复杂的寓意和神秘的色彩。1858—1861年,他在魏玛美术学校任教，这个学校就是多年之后的"包豪斯"。1866年，他回到故乡巴塞尔定居，并为巴塞尔公共艺术设施创作神话题材的装饰壁画。此后，他又先后在德国、瑞士和意大利居住。

自19世纪80年代开始，勃克林的作品中开始出现越来越浓厚的主观色彩，在他的风景画中常运用明暗对比法，并把自然形象变化加工，画面神秘、气氛压抑。由于勃克林的作品中表现死亡和鬼怪的题材较多，他喜欢画人鱼、人马、死神、怪兽等等，散发野性的力量，因而在评论家的眼中，勃克林被认为过分忧郁和消极。勃克林喜欢诗歌，他的画作也注重表达诗意，但不是悠闲唯美的田园诗，而是灵感奔涌的神秘主义诗篇。勃克林崇拜自然、充满幻想，曾经在自家的花园里试验飞翔（达·芬奇也曾设计过飞行器），他的作品多从神话中取材，在作品中使用幻想的形象。

勃克林创作盛期，印象派已经粉墨登场，并逐渐被认可，成为一种时尚的艺术潮流，但他的画作因"不时髦"而被鄙夷。可见，虽然有"印象派"呈现了艺术史上"革命"的热闹，但当时还有很多人并非按照印象派的方式来画。他们有各自的美学观，可惜的是，大家都喜欢围在"革命者"的周围，那些不太"革命"的画家就被遗忘了。

勃克林代表作：《死之岛》

《死之岛》是勃克林的代表作，这幅画至少有六个版本（其中有一个版本毁于二战），我有幸欣赏过其中收藏于巴塞尔、柏林和圣彼得堡的三个版本，而收藏于纽约大都会那版，去参观时没有展出，与此擦肩而过。这六版在总体构图上是近似的，但在细节上存在差异。

先描述一下这幅画（以第一版为例）：

漆黑的夜里有一座孤岛，突兀地耸立海中，孤岛被微弱的月光照亮。这是一座神秘和空灵的阴森孤岛，气氛静谧而诡异。小岛上，巨石将柏树环抱其中。柏树是一种阴间植物，因此这个孤岛意味着是逝者的归宿。小岛岩壁上有洞窟墓穴。海面上一叶孤舟，船头是一具白色的棺木，一个船夫划桨，而船中间站立着一个全身白衣的送葬者——我们看到的是他们的背影，船正慢慢驶入孤岛正中央的狭小港湾。显然这并不是一个"隆重"的葬礼，甚至根本不是一个仪式，只有一人送行。

1880 年，一个梦给勃克林带来这幅画的创意，于是他在赞助人 Alexander Gunther 的支持下开始了创作（也就是巴塞尔版本，因收藏于巴塞尔所以称此为巴塞尔版本，下同）。

在绘制第一版《死之岛》时，一位德国外交官的美裔遗孀 Marie Berna 为了纪念死于白喉病的丈夫想订制一幅画，来到勃克林在佛罗伦萨的工作室，正巧看到这幅画的初稿，非常满意。于是她订制了同样的一幅画，但提出了自己的特殊要求，Berna 希望勃克林把画中那位白衣站立者画成女性体型，寓意着她自己护送死去的丈夫。她希望自己能用这幅画进行冥想，来寄托对丈夫的哀思。勃克林根据 Berna 的要求绘制了一幅尺寸略小的第二版（也就是纽约大都会版本）。

这版与第一版的不同之处还有：船尾边缘被涂成了红色，棺木上还有金色的装饰物（后面的版本都延续了这个装饰物），画面右侧的山体上画了一个冲着观者的墓室之门。总的来说，与第一版还是非常接近的。

勃克林很少给自己的画起标题，他说自己画的都是"梦境画"。《死之岛》实际上是画商给起的名字。这幅画曾经想取名为《沉默岛》《墓穴岛》《寂静宫》等等，最终还是《死之岛》这个名字更直接，更让人印象深刻。艺术品的名称其实也很重要，《死之岛》就很抓人。这幅《死之岛》中有很多隐秘的象征，但画家并没有对画中的细节做解读，他认为这些内涵，要靠每一个对于生命和死亡命题有思考的人自己去感受。

在画商的推动下，勃克林后来又陆续绘制了另外几个版本，并把它们制作成印刷画以及蚀刻铜版画面向大众销售，一时间这幅画的印刷

■ 瑞士巴塞尔版（第一版），1880 年，110.9 cm × 156.4 cm

■ 美国纽约大都会版（第二版），1880 年，73.7 cm x 121.9 cm

■ 德国柏林版（第三版），1883 年，80 cm × 150 cm

■ 二战损毁版（第四版），1884 年，81 cm×151 cm

■ 德国莱比锡版（第五版），1886 年，80 cm×150 cm

版风靡德国。

第三版收藏于柏林，也是我最早看到的一版。相比起前两版，画幅变宽，亮度增加，画面颜色此时也由深夜变成清晨的水天一色，有一种天开始蒙蒙亮的感觉。其实，清晨时分万物静谧、静待复苏，寓意"死"是"生"的眼睛，在缓慢睁开。岩石高耸且规整如人造的建筑，墓室建筑的呈现更"实"了，"墓地"的意味更明显。同时，柏树不再高过岩石，树梢的部分似乎被风微微吹动，船尾的航行轨迹也似乎更为明显（第二版中，已经出现了船的航迹），孤岛（冥界）的入口已经彻底清晰地呈现出来，整幅画出现了一种"动"势。

第四版原本也在柏林，由一位银行家收藏，但因二战轰炸被烧毁，从留下来的黑白照片看，跟第三版比较接近（有资料说第四版的特别之处是：它画在了铜板上）。

第五版收藏于德国莱比锡，画中天光加大了对比效果，更具戏剧性，柏树背后泛白的云层有一种"死而后生"的象征。船终于要到达入口，白衣人身体微躬，似乎做好了登岛的准备。相比前几版，这幅画水面的波澜也多了，冥湖开始微微躁动，甚至还有细浪拍击着前景中的礁石。画面的安静感被打破了，故事性也增强了。

这五版的细节差异，像是一个按照时间序列排布的"连环画"——从深夜的死寂，再到清晨，最后登岛，从静到动……勃克林画出的这些差异，其背后逻辑耐人寻味。

第六版很少有人提到，我也是在圣彼得堡艾尔米塔什博物馆偶遇。看展牌，这幅画画于勃克林去世的1901年（勃克林当年1月中旬就去世了），作者署名除了阿诺德·勃克林之外，还包括卡洛·勃克林，也就是他的儿子。从画面构图来看，这幅跟最早的版本比较接近，我猜大概是小勃克林基于商业考虑，临摹复制了父亲的前作，并联合署名。在艾尔米塔什博物馆的官方指南中对此作品并没有详细介绍，可见它在这个系列中不属于很重要的一幅，或者说本质上可能并不算是勃克林本人画的"原作"。

　　几个版本比较起来，虽然说让我"入坑"的是藏于柏林的第三版，但我个人更喜欢巴塞尔的第一版，因为第一版中呈现的"死寂"之感，与主题更为契合。就主题考量，画"静"比画"动"更恰当。当然，我们理解并尊重画家对于死亡这个主题做出各种探索性的诠释。

《死之岛》的细节与象征

　　接下来细品这组画，画面充斥着各种死亡象征。

　　柏树：用于祭祀冥界之神。有个希腊神话：太阳神阿波罗宠爱的美少年库帕里索斯（Cyparissus），因误杀了最心爱的鹿而心痛不已，于是请求阿波罗让他永远悲伤下去，阿波罗满足了他的要求，方式是将他变成柏树。于是，库帕里索斯的鬈发变成了暗绿色的针叶，躯体覆盖了一层树皮，"他"树顶似剑，直指青天。阿波罗叹了口气，轻声说道："我将永远为你悲伤，英俊的少年。你将为别人的痛苦悲伤，你就永远与哀伤者在一起吧！"从此柏树在很多地方都象征对逝者的哀思以及长眠。说来有趣，虽然没有希腊同款神话，但中国人也喜欢在墓地种植柏树，象征永生、转生或新生。中国人对于柏树的寓意，可能是源自远古生殖崇拜，但是在文化上与西方产生了共鸣。

　　渡河：画中描绘的是渡神卡戎（Charon）渡送亡灵越过冥河前往地府——一个布满岩石和柏树的小岛。希腊神话中，冥王哈迪斯的船夫卡戎负责将死者渡过冥河，小舟上停放一具棺木。卡戎全身闪白，佝偻着身躯立于舟上，传说他要收阴魂一枚银币才会将它们带往冥界，否则就会把死者沉入水底。（还有一种解读是：闪白矗立的卡戎是男人的性征，而柏树幽暗的狭小港湾则是女人的性征——代表浸渍子宫的海水，亦代表了孕育万物的生命之源。）卡戎引领着亡魂，在宇宙开天辟地的混沌中，

■ 俄罗斯艾尔米塔什版（第六版），1901 年

进入死之岛阴郁的港湾。如此死与生，在这亦始亦终的死之岛，完成了它交替循环的过程。按照这样的理解，这是一个轮回转世的故事。

白衣：白衣人的解读很复杂、很多样。按照前面的说法，白衣人就是卡戎，但是我个人也在想，船上有两个人，会不会划船的船夫才是卡戎呢？如果船夫是卡戎，这个白衣人又是谁？在基督教里，凡是在"最后的审判"中被判为正义的死者，会穿着白衣。有人说白衣人是主持葬礼的祭司，有人说他是死神的形象，也有人说是死者自己——因为在当地也有个说法叫"死者自己步入棺材"……其实怎么理解都可以，不影响整个主题的表达，而且恰好能从各个角度来理解死亡，这种多方向的解读反倒增加了思考的深度。作为观看者，我们看不到船上两个人的面孔，说明我们此时还处于"此岸"，正在目送亡灵渡向彼岸，那么作为生者的我们，此时此刻会对死亡有怎样的态度和感受呢？

墓室：岛上的岩石壁上出现一排排洞窟，里面安放着棺材——一开始我曾以为那些是一个个石室房间，看起来很像是普桑的古典主义绘画中那些古罗马的废墟。这些洞窟也很像中国一些地区放置悬棺凿开的石穴。画中洞穴的样式也有点类似欧洲大教堂的地下墓场——大家有机会去看一下巴黎的先贤祠地下的墓穴，里面也是一个个墓室，每个墓室里停放多个灵柩。

也许有人会觉得恐惧，因为它的主题是可怕的死亡，画面又是孤岛、又是黑夜、又是白衣人，看起来瘆得慌。

但是这幅画给我更多的感受恰恰相反，不是恐惧而是安宁——没有隆重的送葬队伍，只有一只安静的小船划过，我们似乎能都听到水的声音。地理位置上，这是个孤岛，至少从环境的角度来看，这里应该是少有打扰、远离喧嚣之地；从构造上来看，这个岛形成了一个港湾——港湾一方面会让人有"靠岸""休息""安顿"的感觉，同时造型上也是个"怀抱"的样子，这会让人有安全感，甚至如同回到了童年时母亲的臂弯；时间上，这是个夜晚，亡者由此得以安眠。

众所周知，人的尸体是会腐烂的，古代的坟场也经常是肮脏的、腐臭的、弥散着病毒与细菌的地方。但在这幅画里能明显感觉到环境干净整洁，这也让死亡变得不那么可怕（19 世纪后已经出现了近现代的墓地，所以欧洲的一些墓园都成了"景区"）。所有的一切都让人觉得死亡是进入了一种宁静与安然，这种宁静、安然在这幅画渲染的气氛中得到了永恒的呈现。

当然，消极的人会觉得孤岛本身就象征着恐怖，水面本身也意味着危险。另外，港湾是不是也像一张嘴，意味着死神对生命的吞噬……所以你看，即使是同样的画面给人的感受也可以是完全相反的，这就是艺术的魅力，它的答案完全是多变的，对不同的人产生的化学反应可能是完全不一样的。

《死之岛》在德国及德语国家爆红

1877 年他年仅 1 岁的最小的女儿夭折，埋葬在佛罗伦萨英国人公墓，这座公墓给他后来创作《死之岛》提供了一些灵感。1880 年他开始创作这幅画时，已经 53 岁了。当时，他处于人生低潮期，此时印象派已经崛起，而他的画作口碑不佳。

说实话，我也不太喜欢他画中的一些人兽合一的"神怪"，看起来粗野、恐怖且黑暗。当然我也必须承认，他画的那些神怪人物很有冲击力，有鲜明的艺术风格，可以"一眼识别"。这幅《死之岛》中人物很小、简单，而且是背影，如果一旦画得像其他作品中那样比较实，是否能有现在这么成功就很难说了。《死之岛》是勃克林最精彩的作品。因为《死之岛》的成功，人们爱屋及乌地喜欢、接受甚至理解了他别的作品，勃克林也由此走出了事业的低谷。

他在德国学习和工作了很长时间，也有哲学家朋友，我们都知道德国人喜欢思考，热衷哲学，盛产哲学家，而哲学就特别热衷于思考死亡。哲学大家叔本华和尼采，跟勃克林差不多算是同一个时代的人，他们的悲观主义思想，可能或多或少地影响了勃克林，悲观的思想更促使他对死亡进行深入探究。勃克林深受德国唯心哲学的影响，后期画作越来越呈现浓厚的主观色彩和神秘的象征。

《死之岛》在德国以及一些德语国家爆红，发行的印刷品被很多家庭买来挂在家里做装饰，作家纳博科夫说过，"你可以在所有柏林的家庭里找到《死之岛》"，这显然也跟德国人的生死观有某种契合。人们对这幅画的反应并没有不祥的恐惧，这幅画对生与死的辩证思考反倒给人一种积极的心态，或者是一种面对死亡安之若素的心态。据说在第一次世界大战期间，军人与家里通信时，很多人选用《死之岛》这幅画的明信片。而且，19 世纪末 20 世纪初本身就是动荡的时代，人们对于死亡的思考更多。

值得一提的是，这幅画后来也成了世界上最著名的"艺考落榜生"——希特勒所喜爱的一幅（柏林，第三版），他曾经把这幅画挂在了自己的办公室里。1940 年，以签署《苏德互不侵犯条约》而"知名"的苏联二把手、斯大林的副手莫洛托夫访问柏林，在希特勒接见他的新闻图片中，就能看到希特勒身后墙上的这幅《死之岛》。我猜，也许他小时候家里曾经买过这幅画的印刷品装饰，因此一旦有机会拥有原作，那他一定不会客气。资料显示，希特勒曾经先后获取了勃克林的 11 幅作品。但不知道希特勒对这幅画表现的死亡有着怎样的误解——他变成了杀人不眨眼的"屠夫"，夺取无数人生命的刽子手——他的恶当然跟《死之岛》无关。

《死之岛》成功之后，勃克林又画了《生之岛》（1888 年，瑞士巴塞尔美术馆），这幅作品我曾经也看到过，就影响力来说，它远远不及《死之岛》。

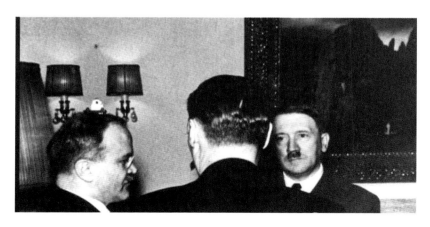

■ 希特勒接见斯大林的副手莫洛托夫

■《人马之战》，瑞士巴塞尔美术馆

1909 年，俄罗斯作曲家拉赫玛尼诺夫最成功的《第二交响曲》作完不久，他在德累斯顿看到了一幅《死之岛》的黑白印刷品，非常喜爱并由此获得灵感，写下了同名的交响诗《死之岛》，曲子气势恢宏，表达了对死亡的深刻感受。我听过这首曲子，确实非常震撼，但是音乐感觉跟我看《死之岛》画作的感受很不相同——这幅画给我的感觉是静谧的，而不是交响乐那般雄壮。后来拉赫玛尼诺夫看到了《死之岛》原作，他感慨地说："如果最初看的不是黑白印刷品而是原作，恐怕作出的曲子不会是现在这样。"由此可见，黑白版本对作曲家的冲击更大，带给他的感受也更强烈。

《与死神的自画像》也是勃克林很重要的作品，这幅自画像依然是

■《生之岛》，瑞士巴塞尔美术馆

与死亡有关的题材，创作于《死之岛》之前，由此我们可探知画家其实很早就开始对死亡进行深入思考。这幅作品充满神秘、幻想的氛围，其最特别之处就是：这是画家和死神（骷髅）的双人"合影"。死神演奏的是"死亡之音"，而且几乎是贴着他的耳朵演奏。"死亡之音"近在耳畔，而画家自己专注于绘画浑然不觉，不知死之临近。当然也可以理解为：画家一边听着"死亡之音"，一边创作，表明了自己的创作灵感来源于对死亡的感知和领会。

《与死神的自画像》告诉人们死神实际上一直伴你左右。无常的死亡常常在人们耳边窃窃私语，他的阴影注定如影随形般伴随每个人的一生。其实，这幅画就是要唤醒人们对于死亡的意识、认知和领悟。

"死亡"是一门必修课

接下来我想借由这幅画，聊聊"死亡"这个话题。

我们中国人有个成语叫"视死如归"，小时候我一直把这个词当作是"英勇"的意思，觉得就是不怕死，当然这也没错，词典上就是这么解释的。后来，我更愿意从字面上来理解它——"把死看作回家"，因此我觉得"视死如归"可能是一种"了悟"，它不是用"勇敢"来"不怕死"，它就是正视死亡，真正理解了死亡的本质，是看透了死亡从而看淡了死亡。所以"视死如归"的本意可能不是勇气，而是觉悟。美国作家伊丽莎白·库伯勒·罗斯致力于临终关怀，她的死亡心理学将人们对死亡的态度分成五个阶段："否认和隔绝、愤怒、讨价还价、沮丧、接受。"我想"视死如归"就是到"接受"这个阶段了。

儒家说"未知生，焉知死"，似乎就处于死亡心理学的第一个阶段——否认和隔绝。我们的文化不鼓励思考死亡，不思考死亡似乎可以鼓励我们活在现世、活在当下，但如果不直面这道生命的"必答题"，现世和当下的很多困境是与死亡相关的，人生也是很难活好的。

前几天看了一部电影《阳光普照》（2019 年金马奖的最佳影片），电影里有句台词说，"世界上对每个人都真正公平的是阳光"。其实，我觉得最公平的是"死亡"，因为不管你有没有钱、有没有权、有没有知名度、有没有社会地位、人生成就大不大、学历高不高、长得好不好看……都会死，而且死的时间、死的方式都无法预知。我们都要面对挚友亲朋的离去，也终究要面对自己的离去，死亡是每个人都要做的功课，死亡面前，我们当不了鸵鸟，所以要"学习"死亡、"学会"死亡。

因为说到了"死亡"的话题，给大家推荐一部以死亡为主题的美剧《六尺之下》（*Six Feet Under*），讲述的是一家经营殡仪馆的家族，他们遇到形形色色的死者，了解他们的人生，在做殡葬服务的同时也经常被触动，

■《与死神的自画像》，1872 年，德国国立普鲁士文化遗产博物馆

■ 1945 年一部好莱坞惊悚电影《死之岛》，灵感来源于《死之岛》这幅画

思索人生的意义。很深刻，也很有意思。

战争和灾难都是思考生命的最佳时机，而日常状态下的生老病死也是我们内心感知生命的关键时刻。哲学家海德格尔在《存在与时间》一书中，提到了"向死而生"的概念，以这样的角度来看，每个人从生下来的一瞬间，就开始走向死亡，也可以认为是每天"死"一点点，死亡是所有人的终极目的地，没有人可以豁免，也没有人可以逃脱。"向死而生"就是用倒计时的方式看待死亡，看待生命的过程，有人觉得"死"是个消极的话题，实际上避谈死亡才是逃避问题、掩耳盗铃。用"向死而生"的理念来思考生命，有助于过好每一个当下，也让我们对于生命的价值有更清晰地认知和评判。

我去旅行时，有时候也会去墓园，当然最主要的原因是探访自己喜欢的文化偶像，想跟自己喜欢的人有一种精神上的亲近感，同时也会体验墓园的氛围，借由探访思考死亡。在中国文化里，清明节祭扫先人，本身也有学习和感受死亡的效果，所以它也不完全是为了向先辈致敬，更多的是为了启迪生者，所以这也是一种无心插柳的死亡教育。

对于死亡的思考可以是宗教的、哲学的、科学的、文学的，当然也可以是艺术的。疗愈是艺术的一个"兼职"，而艺术疗愈的方式多种多样——可以用所谓"积极"的方式，把你拉回到理想国里，活一天乐一天，醉生梦死；可以把你拉到死神面前，让你与它面对面，让你在省思的过程中开悟和解脱。勃克林的《死之岛》《生之岛》和《与死神的自画像》等一系列作品，直接触及了"死亡"这个话题，就是用直面死亡的方式，来开启化解生命的焦虑。

在新冠疫情肆虐全世界的当下，再看《死之岛》，自然会有更多的感慨，也会让我们在观看和思考之余，细细体会活着的滋味。

Lautrec

劳特累克

在画作中张扬生命的孤独灵魂

Lautrec

　　我个人一向不赞同过多地通过讲故事来介绍艺术，但这篇文字恐怕要自食其言，"被迫"讲故事。这位画家的作品与他的人生境遇是密不可分的，不知道他的故事，就很难理解他的艺术，很难触碰到他敏感、自卑、孤独以及醉生梦死的绝望，他就是最能展现巴黎夜生活的劳特累克。

　　在艺术史上，很难将劳特累克划分为哪个流派——有人把他划分到了印象派，因为他与德加等画家交往甚密且非常熟悉；有人把他划到了后印象派，因为他和塞尚、梵高、高更一样，画的风格有鲜明的个性，而且并不符合印象派对光线和色彩最基本的认知；还有人把他划为新艺术运动，因为他的作品主要是商业海报。其实，艺术史为了研究和传播的便利而划分的艺术流派，基本上看看就好。越是好的艺术家恐怕越难以被划分流派，因为他们的作品充分展现了专属于自己的个性，他们都是自己的那一"派"。

　　亨利·德·图卢兹－劳特累克（Henri de Toulouse-Lautrec，又译罗特列克），1864 年生于法国南部阿尔比的一个贵族家庭，父亲是阿尔方斯伯爵，母亲与父亲是表兄妹关系，父亲家有爵位封号，母亲家则拥有更多的财产，两个彼此需要的家庭已经连续几代"亲上加亲"了，所以这是不折不扣的近亲结婚。近亲联姻的结果，要么生出一个聪慧的天才，要么就生出有缺陷的残疾人，而后者的可能性更大，所以近亲通婚为现代社会所禁止。

■ 亨利·德·图卢兹－劳特累克

劳特累克兼具了聪慧和残疾这两个特征。他天生存在骨骼方面的疾病，身体很弱无法参与激烈的运动，14 岁和 15 岁时又先后两次摔断了两条腿——第一次，据说是从椅子上摔下来的，第二次，则是摔到了水沟里，其实还有从楼梯上摔下、摔到井里等各种说法，但他们的家族一律对外宣称，是骑马时从马背上摔下来的，道理很简单，贵族们本来就经常骑马打猎，而因为骑马摔坏比较"符合贵族身份"，也能由此遮掩近亲结婚导致后代残疾的尴尬。各种先天、后天的因素，导致他的身高只长到了 1.5 米。（我甚至怀疑连摔断腿的事情都有可能只是个"借口"。）

两个家族近亲结婚造成的后代问题不止他一个。他的弟弟不满一周岁就夭折了，很难不让人想到基因缺陷。而他的舅舅娶了他的姑姑，当然也是表亲关系，他们先后生的四个孩子也都有各种各样的身体问题。

身体问题和小儿子的夭折给这个贵族家庭带来了很大的影响，再加上这个婚姻本来就不是基于感情，父母开始疏远、分居，父亲在外面拈花惹草、绯闻不断，母亲带着小劳特累克住在娘家的一个大庄园里——这个更为自然的环境也有利于小劳特累克的身体发育。大概是觉得劳特累克让自己没有面子，父亲也不再让他参与骑马、社交等贵族活动，他只能在家里画画，好在他还有画画这个爱好和天分。我们知道在欧洲的古代宫廷里会养一些侏儒，他们既是王室儿童的玩伴，也是宫廷里的玩物。大家可以在西班牙画家委拉斯开兹的作品中了解这样的背景。因此，侏儒是处于被严重歧视的一个阶层，而贵族出身的阿尔方斯伯爵，怎么能愿意自己的侏儒儿子代表自己的家族？当然，从善良的角度来想的话，我们也可以认为这是父亲的一种保护，因为这从某种意义上来说也减少了儿子被伤害的机会。

说到这里，我突然想起电视剧《权力的游戏》中，我们熟悉的侏儒——"小恶魔"提利昂·兰尼斯特——也颇有些劳特累克的影子。"小恶魔"因被父亲嫌弃（最终导致他弑父），不停地喝酒、搞女人，但他聪明、睿智、

《骑师》，石版画，1899 年

善解人意，由此可见，侏儒不只是身体上的烙印，也是心理上的烙印，在被父亲诬陷杀人的审判庭上，他说："我这一生都在因为身为侏儒而接受审判。"我想，所有侏儒可能都在为这一天生的缺憾承受了一生的代价，虚拟人物提利昂如此，劳特累克也是如此。

也正是由于身体的原因，劳特累克只有小的时候在巴黎上过一段时间的学，并在那里结识了终生的好友莫里斯·茹瓦扬——他遗作的管理人、传记作者、阿尔比劳特累克美术馆的创办人。很快，劳特累克就辍学回到了阿尔比，他的教育主要是通过家庭教师完成的。小劳特累克拥有好几个子爵、男爵的爵位，同时还是未来"阿尔方斯伯爵"的继承者。虽然王室衰落，贵族已远没有之前吃香，但他们还是拥有丰厚的资产和奢华的生活，劳特累克住的依然是城堡和庄园，连玩具都是"国际化"的。在一个探访他故居的纪录片里，我们甚至看到了他小时候玩的一个穿和服的日本娃娃——应该就是所谓的"人形"。

他渐渐长大，但并不能跟父亲一样正常地参与贵族社交活动，也不可能从贵族的女孩们那里得到爱情，甚至尊重。劳特累克决定离开故乡，去巴黎学画画，并努力开创自己想要过上的生活。

因为从小就跟骑马、打猎这类事情接触，所以他很喜欢画动物，尤其喜欢画马。（德加也喜欢画马，他画的赛马与德加的同主题画还挺难区分。）到巴黎后，他先是通过父亲的关系，跟擅长画动物的聋哑画家勒内·普林斯托（Rene Princeteau）学习，后来又先后跟学院派肖像画家莱昂·博纳（Leon Bonnat）、历史画家费尔南德·科尔蒙（Fernand Cormon）学习，他最初的理想是成为学院画家。后来自己独立成立画室，并通过朋友介绍认识了莫奈、毕沙罗和德加等印象派画家，这以后他开始更多地画现实世界中的人。这期间，他还进行过插画、漫画的创作。

后来他还遇到了梵高、高更等画家，并通过梵高认识了他作为艺术经纪人的弟弟提奥。提奥很赏识劳特累克，曾经收购过他的画。后来提奥去世，跟随哥哥梵高而去，他的画廊就被劳特累克的"发小"茹瓦扬接手。

印象派的画家中，劳特累克最喜欢的是德加，他的画室曾经与德加的画室相邻，他学德加画赛马、画舞女、画女工……当然，他都画出了自己的风格，比如《洗衣女》，画中的女工并不像德加画中女工在工作，而是一个休息的片刻，站在窗前望向窗外，动作很有故事性，背向观者也增加了人物的孤独感。然而这只能算是他风格尚未完全建立时的一种探索，很快他将视线投向了他更为熟悉的领域。

蒙马特地区是画家们聚居的地方。劳特累克被称为"蒙马特之魂"，他整夜沉浸在灯红酒绿、纸醉金迷的巴黎夜生活里，白天创作的作品，也基本上都与这些声色场所有关——咖啡厅、歌舞厅、酒馆、妓院，都是他经常流连的地方，苦艾酒让他放松，歌舞秀让他陶醉，妓女则给了他前所未有的来自女人的慰藉——尽管那只是一种交易。当时最为时尚的歌舞厅（Cabaret，也被音译为"卡巴莱"餐厅，类似于现在的夜总会）你方唱罢我登场——黑猫歌舞厅、红磨坊歌舞厅、祖风笛歌舞厅、日本音乐厅、女神游乐厅（马奈有一幅名画就是《女神游乐厅的吧台》）等等，都是巴黎最红火的夜店。

夜幕降临，女人们来了！演出开始了！

首先出场的女性是苏珊娜·瓦拉东。她是与劳特累克正式交往过的人，但很快就分手了。她与很多艺术家都"交往"过，比如雷诺阿、德加、夏凡纳，甚至还有作曲家萨蒂……更令人咋舌的是，她最终嫁给了他儿子的小伙伴。她出身低微，从小在马戏团演出，后因为受伤退出，改行当了画家的模特，那些与她"交往"的大画家画出的作品，都成了经典。而她也在德加的鼓励下，拿起了画笔，成为一个有独立艺术风格的、留名艺术史的女性画家。她那不知道父亲是谁的儿子郁特里罗，最终也成了著名的风景画家。《费尔南的马戏团，女骑师》就是劳特累克早期绘

■《梵高像》，纸面水粉画，1887 年

■《洗衣女》，1889 年

■《费尔南的马戏团，女骑师》，1888 年

制娱乐场所的作品，马戏团是那个时代最受欢迎的绘画题材之一，而瓦拉东恰好又在马戏团中表演过驯马，担任画中的模特再合适不过。这幅画同时也发挥了他在动物画方面的优势，马在场地里奔跑的姿态非常生动。这幅画也影响了修拉，他在几年后也画了一幅以马戏团为题材的点彩画。

劳特累克的偶像德加，也画舞者，不过他关注的是芭蕾舞演员，无论在当时还是现在，感觉都比较"高雅"些。劳特累克则把视线转向了另一群舞女——"康康舞"演员，这是在歌舞厅表演的一种舞蹈，舞女们大多不是专业舞者，她们白天在周边做洗衣、缝纫等工作，晚上就来歌舞厅跳舞。她们穿着大裙子，一边摇起裙摆，一边把腿踢得高高的，刻意地露出裙里的底裤，或者跳起来后再做一个落地大劈叉，这是有些情色味道的舞蹈，跟芭蕾舞的气场则完全不同。

1891 年他为红磨坊歌舞厅绘制了海报，海报最上面是红磨坊的名字"Moulin Rouge"，劳特累克以"重要的事情说三遍"的方式强化了广告效应。店名的下面则是"La Goulue"我们一般音译为"拉·古留"，而实际上这个词的意思是"吃货"，是舞女路易斯·韦伯（Louise Weber）的外号——她实在太贪吃了，大家基本上只知道她这个著名的外号。拉·古留跳的就是康康舞，劳特累克选取了最为典型的舞步和最吸引眼球的角度，她舞步奔放、性格不羁，是红磨坊成立之初最棒的康康舞舞者；前景中的男舞伴，绰号叫"无骨者瓦伦汀"，他有着尖尖的下巴和高耸的鹰钩鼻，他被处理成了灰色的剪影，显然，他是拉·古留的陪衬。在他们的背景里，有一排完全平面化的人群黑影，他们大都戴着高高的礼帽，代表着歌舞厅里的观众。

劳特累克以拉·古留为主角画了好几幅海报，但拉·古留果然不负"吃货"外号，她因贪食越来越肥胖，不得不退出了红磨坊。这个"过气明星"搞了一个很小的表演场所勉强过活，劳特累克还专门为她这个小秀场友

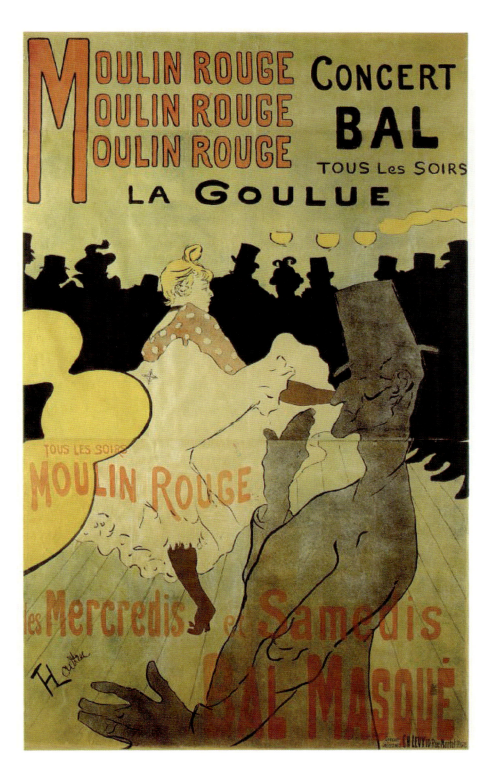

■《红磨坊海报 拉·古留》，1891 年

■ 劳特累克的"HTL"签名

情创作了招牌画，两个人也一直保持着联系。

为红磨坊歌舞厅绘制的这幅海报让劳特累克在真正意义上"一夜成名"，因为海报的传播方式是一夜之间贴满大街小巷的广告柱，这与油画艺术与观看者的关系完全不同。在艺术圈里，他的海报因为过于大胆前卫而被批得体无完肤，但是他的客户——红磨坊歌舞厅的老板喜欢，被画的艺人们也都喜欢，纷至沓来的观众更是证明了这个海报的成功。他画过的一个男歌星布吕昂曾经跟自己演唱的歌舞厅表示，不用劳特累克为自己画的海报，自己就不会登台。十年间，他创作了360幅海报作品，这是一种最时尚的艺术。艺术史上对劳特累克的评价是，"海报"作为一种"艺术"种类，在这一刻诞生了。

他是用一种速写的方式创作的，这在捕捉动态时非常有效，快速、灵活的线条也让画面充满动感。实际上他在红磨坊是有专门VIP座位的，边看边画当然也会边喝酒。他还可以使用歌舞厅的休息室，完全可以把那里当成自己的画室。目前依然经营的红磨坊歌舞厅里，仍陈列着很多劳特累克设计的海报，这是红磨坊永远的"金字招牌"。

在他的海报作品中，他学习了现实主义画家杜米埃带有讽刺意味的、略带夸张的人物造型，也有来自插画、漫画的影子。素描和速写是他喜爱的手段，在他的一些油画中还能看到没有擦除的素描笔痕。但最为重要的创新在于，他借鉴了日本浮世绘（也是版画）的风格，用线条和扁平化的色彩来表现人物动感而又自然的姿态，这在当时的海报设计领域，活泼大胆，与歌舞厅喧嚣热烈的气场完全吻合。另外，日本浮世绘作品中经常有书法作为画面元素（中国古代书画也是如此），这样的构图方式更适合需要印字的海报艺术。

很多浮世绘画家都有可能直接或者间接影响了劳特累克，比较直观的是喜多川歌麿的"美人绘"、东洲斋写乐的"役者绘"（歌舞伎演员）、溪斋英泉的"花魁"（艺伎的头牌），这些画美人、画艺人的作品，从题材到技法都与劳特累克有很多相似之处；而人物造型和动作则有《北斋漫画》的影子；还有大量画日常生活场景的浮世绘（比如洗浴的场景），想必也为劳特累克的创作提供了思路。有意思的是，劳特累克还模仿喜多川歌麿的印章，为自己的绘画设计了一种包含自己名字字头缩写"HTL"（即：Henri de Toulouse-Lautrec）的圆形落款。更为有趣的是，作为木版画的浮世绘，有不少作品的功能其实就是海报。

众所周知，19世纪中叶到20世纪初，日本艺术风靡法国的艺术界，日本版画（浮世绘）从开始作为废纸包装日本出口产品，到后来成为艺术家们争相模仿和学习的"教材"，成为一种流行风格，法国经历了一个被称为"日本主义"的艺术阶段。

在"日本主义"的潮流下，这幅海报中的歌舞厅，干脆就以"日本"来命名，表明自己是多么时尚。画中前景的黑衣女子是以红磨坊的另一位康康舞舞者——珍妮·阿弗莉为模特画的，她在这幅画中不是演员，而是代表一位观众，以观众为主角的海报还是很罕见的。整幅海报基本上用了大面积的黑色，头发的红色就相当亮眼。这家歌舞厅的当家歌手被画在了左上角，所占面积很小，甚至连头都没有画，但是当时经常出入蒙马特高地娱乐场所的人应该能认得出来，她就是伊薇特·吉尔贝，她的特征很明显，始终戴着一副黑手套。（劳特累克也曾为她画过不少作品，她总是央求他把她画得"好看一点点"。）歌手被画得很小，这种画法与葛饰北斋的《神奈川冲浪里》有异曲同工之妙，在《神奈川冲浪里》中，远处的富士山就被画得很小，海浪从配角变成了主角，这幅

■《日本音乐厅》，海报，1893 年

■《54 号客舱的女客人》，石版画，1896 年

画中的"观众"也是同样的效果。在观众席和舞台之间，用没有深浅的灰色画出了乐池，这样的构图也多少有点学德加，德加在处理乐池时就画背面、侧面的视角。

画中，作为"观众模特"的珍妮·阿弗莉是红磨坊的另一位康康舞明星，她是贵族父亲与妓女母亲的"私生女"，性格内向且阴郁。因此，与"吃货"拉·古留不同之处在于，她更喜欢独舞。劳特累克也为她创作了不少的画作和海报，画中的阿弗莉总是有着精到、利落的舞步，但表情木然，甚至有些画中还能看到她的痛苦。

还有一位特别的女性。1895 年，劳特累克在乘坐邮轮时，见到了一位独行的女乘客，她要去非洲的达喀尔跟自己的丈夫团聚。劳特累克对她暗生情愫，甚至在到达了自己的目的地波尔多时都没有下船，拉着自己同行伙伴，偷偷"陪着"女乘客继续"前行"，偷偷地拍下她的身影。当然，这期间因为自知无望，劳特累克并没有表白。后来终于听取了同伴的劝说，在葡萄牙下了船。劳特累克凭着记忆和偷拍的照片，画下了这幅《54 号客舱的女客人》，后来又以此为底本制作了国际海报展的宣传海报。这里我们又看到了另一个可以说是有些单纯的劳特累克，尽管他在声色场所浸淫多年，情感上也已经不再信任女性，但他还是无法遏制对于美好爱情的憧憬。

2018 年，北京画院美术馆与布达佩斯美术馆联合举办了"经典·劳特累克作品展"，其中当然也有他的海报名作，但让我印象最深的是一组关于妓院题材的版画——《她们》。这组画包括十幅石版画，并制成了画册。组画的主题是妓女的生活（除了一幅丑角女演员的作品），但并没有特别色情和香艳的场景，都是些普普通通的日常——早上起床梳头、往浴盆里倒水准备洗澡……总之完全没有任何色情的成分。也正是因为这组画过于"日常"，所以并不成功，想看色情的觉得失望，在那些严肃的人眼里，它又显得太"色情"，两边不讨好。但是从艺术的角度来看，这组画画得非常好，它既没有俯视也没有仰视，既没有猎奇也没有挑逗，就像观察一个最普通的职业一样来看待这个群体。

劳特累克先后有几次直接住进了妓院，他就像她们的家人一样跟她们生活在一起，把那里当作居所，这里有现成的"模特"，也能随时满足个人需求，不必说成是"体验生活"，所以他可以近距离无障碍地随机"观察"她们。

这些"日常"中也有一种属于妓女特有的现象——女同性恋，当时在这个特殊群体中是非常普遍的。与库尔贝大胆地把女同欢愉的场景描绘出来不一样，他虽然也画亲吻之类的场景，但其大多数"女同题材"画中的女孩们更像是互相倾诉、互相依赖、互相亲昵的闺密，她们彼此信任、彼此呵护，她们更像是抱团取暖的孤儿，用这异常脆弱的情感，抵御人间的风寒。

由于身体原因，他无法获得真正意义上的爱情，他的几次努力也均告失败，从某种意义上来说，他已经失去了对女性的信任和期待。在与女人的关系中，他之所以与歌女、舞女、妓女能够友好相处，是因为在她们眼中，他具有特别的价值——既可以作为一个有消费能力和消费需求的金主，也能通过他绘制的时尚海报让她们一夜成名。而且，两性关系变得简单，他只有在她们的身边才能真正做到不卑不亢，不会因为身高被歧视，更不必为此获得怜悯与同情。

也许，侏儒和妓女一样，在社会中都是被"另眼旁观"的对象，在这样的群体中，劳特累克说不定还有种特殊的归属感。而且，他对女人的绝望，与性工作者们对男人的绝望，似乎也有着某种程度的交集。

从他留下的很多照片来看，无论是在家里，还是在巴黎，劳特累克都表现得很快乐的样子，甚至经常搞怪逗别人开心。他甚至会穿上日本武士服拍照，眼睛瞪得像个巫师，或者干脆穿上女装、小丑装、康康舞裙……

■《她们》卷首，劳特累克，1896 年

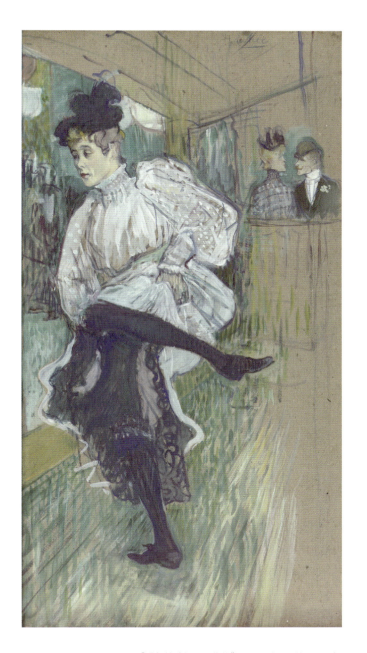

■《跳舞的珍妮·阿弗莉》，纸面油画，约 1892 年

■《床上》，1893 年

这跟他纵情夜生活一样，是他孤独灵魂的又一层伪装，他不愿意让别人看到他的自卑和哀伤，于是用表面的开心搞怪来遮掩真实的内心——你们看我活得多阳光。我在生活中也接触过一些残疾人，其中有一些特别的积极、乐观、洒脱，他们的"阳光"甚至有些不真实。当然不同的人有不同的性格，但也不能否认，有些过度表现的乐观，只是用来拒绝他人廉价同情的盾牌。

如果你看了很多他的作品，你终究会在其中发现那些隐匿的伤感。

本来他的身体状况就很差，常年出入声色场所，他又患上了梅毒，而且，他有失眠症，还是个不折不扣的酒鬼——在阿尔比的劳特累克美术馆中，收藏了一根他使用过的特殊手杖，手杖是中空的，内嵌了一个酒壶，手杖把手的部分里甚至还藏有一个细长的高脚酒杯。劳特累克可以随时倒出苦艾酒喝，而苦艾酒是具有类似大麻的致幻效果，当然也会成瘾。

母亲一度来到巴黎陪他，还监督他的酗酒问题，但母亲只关心他的身体，对于他在艺术上的巨大成就并不放在心上。1899 年初，也许是对他的放纵很绝望，母亲突然离开巴黎，回到自己的马尔罗美城堡。母亲的突然离开对劳特累克打击很大，再加上经常酗酒身体每况愈下，他的精神垮掉了。

亲友们把他送到精神病院治疗——又是一个住进精神病院的画家。

他自己认为是被囚禁了，充满了恐惧。他让探望的人带来画具，努力地画出那些看起来"正常"的画作，以表示自己的精神状态没有问题。应该说这个方法很奏效，在治疗十一周之后，他"出院"了。他很快就重返巴黎，继续声色秀场里醉生梦死的夜生活。

1901 年他在海边中风，被送到母亲的马尔罗美城堡，最终死在了一直关爱他的母亲身边，而不怎么来往的父亲，也在他临终前赶了回来，真是个令人扼腕的团聚。

■ 劳特累克的变装照

这是一个漫长的故事，但劳特累克 37 岁的生命却并不长。

这是一个伤感的故事，但劳特累克的画却一直是享乐主题。

从城堡到夜店，上流贵族劳特累克在下九流的欢场里实现了自我。

当然，我们可以站着说话不腰疼，冷言冷语地说："这不就是不作死就不会死嘛。"但是天生的缺陷，加上后天的不幸，以及由此衍生出的个性，这些既是劳特累克的宿命，也是对他艺术成就的一种成全——没有这些就没有那些本质上带着伤感的画作，

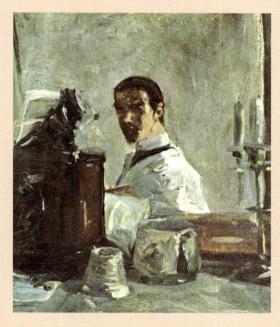

■《自画像》，1880 年

就不会有他以绘画形式呈现的生命的张扬，那些对存货本就不多的生命力的挥霍，就是他在这个世界上怒刷的存在感。

Van Gogh

梵高

用色彩说话的"颠狂"大师

Van Gogh

梵高无疑是符合我这个系列文字的主题，但写，还是不写？这是个问题。我对此很犹豫——用现在的话说，他是绘画界的"头部IP"，几乎是"画家"这个名称的"代言人"，关于他的书籍、文章、影视、纪录片、音乐、舞台艺术、光影秀、文创周边……说好听是浩如烟海，说不好听点就是快烂大街了。对于这样一个人尽皆知的艺术家，还有写的必要吗？

但是，当我再次面对《星夜》这幅画时，所有的犹豫都消逝了，因为这幅充斥在艺术史书和各类文创上的画，依然还能冲撞我的心，依然还能带给我巨大的感动，这种"能量"是绝大多数艺术作品所无法企及的。

于是，我还是决定写下这持久的感动，写下对他画作的"初心"。我很想探究一下他的作品到底为什么让人感动。

另外，由于梵高这个"IP"的过度开发、媒体的过度关注以及拍卖市场的惊人表现，他太过出名，太被人"同情"和喜欢，因此在对梵高的喜爱中，不乏存在一种类似"追星""饭圈"式的盲目崇拜。粉丝们会把梵高幻化成一个德艺双馨的完人，放大他人性中的光辉、臆想他人格的完美，或者认为他没有"疯"，或者不疯会画得更好，甚至关于他不是自杀的传闻都讲得有鼻子有眼……这种一厢情愿的"美化"假设，在梵高身上投射得尤其多。

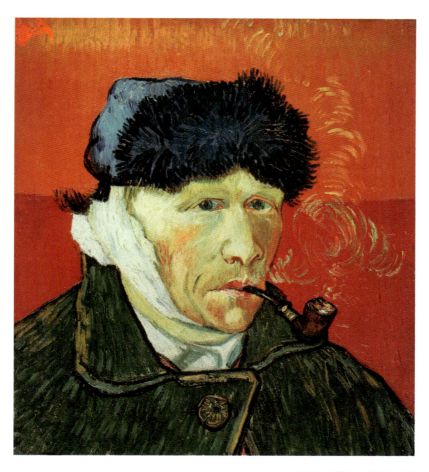

■《自画像》，1889 年 1 月

■《星夜》，1889 年 1 月

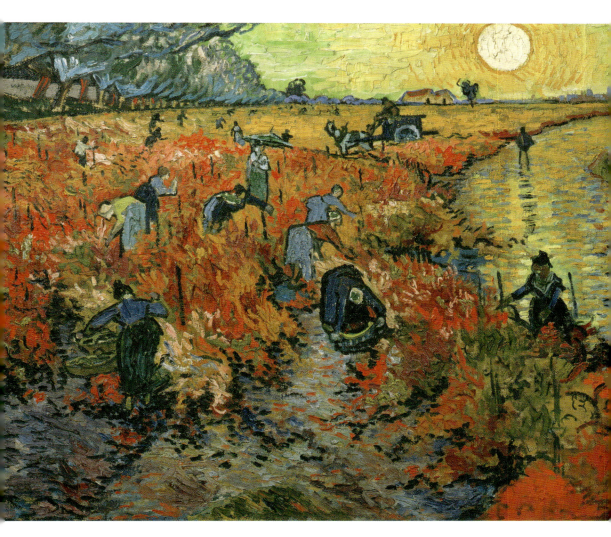

■《红色葡萄园》，1888 年

这一现象甚至都让可以凭此获利的阿姆斯特丹梵高博物馆有些不安。梵高博物馆前几年为了避免梵高被过度神化，重新布展，布展的思路就是——既要展示他作为艺术家的伟大，也要展示他作为人的平凡。所以，我这篇文字也有这样的企图心，就是为梵高"祛魅"，他不是高高在上的艺术之神，我们爱他的画，正是因为他跟我们一样的敏感、脆弱、不堪一击。

文森特·威廉·梵高（Vincent Willem van Gogh，1853—1890），一般直接称为梵高。

大家都很熟悉他的生平故事，关于此不再赘述，但为了下文的讲述方便，我用最简化的文字梳理一下他的一生：荷兰出生、上学——当画商——求爱失败——当老师失败——当牧师失败——向表姐求婚失败——跟弟弟要钱学画——跟怀孕妓女同居又分开——去巴黎学画——去阿尔勒办艺术家社团——跟高更"同居"——割耳朵——治耳朵——在圣雷米精神病院治脑子——在奥维尔治脑子——砰！！！（自杀）

梵高是又一个死于 37 岁的画家，同样在 37 岁去世的还有拉斐尔、华托、劳特累克，卡拉瓦乔、莫迪里阿尼、勒帕热也死于相仿的年龄，还有不少在更年轻的时候就英年早逝了，这个年龄段似乎是顶尖画家的一个"坎"。如果把这些早逝的画家做个对比的话，不难发现，他们的人生都是浓缩了的——极有才华，生前极度"折腾"、丰富和"灿烂"，然后戛然而止，定格在艺术的史册上。

我说的是"灿烂"，而不是"成功"。我觉得"成功"这个词只对活着的人才有意义，相比拉斐尔生前即已达到事业巅峰，梵高生前一事无成，他对自己身后的成就一无所知，也未能预见，他是带着巨大的"失败"向自己开枪的。

他不仅没能享受到自己的才华带来的鲜花、掌声和优厚的物质生活，甚至连混口饭都做不到。最初做画商时还不错，但因为情感受挫一蹶不振，再加上痴迷于宗教，转行去做牧师，又因为过于狂热，不被教会接受；而后画画十年，全靠弟弟接济，临近生命尾声时，卖出一幅《红色葡萄园》，且是卖出去的唯一一幅画。

他不仅在经济上、事业上失败，爱情方面也是失败的，喜欢的人都不喜欢他，后来和一个怀了孕的妓女"过家家"，但也只是短暂的一小段时光便各奔东西；友情方面，发生过永远被"讲述"的割耳朵事件，吓跑了高更，由此可见，他与其他朋友的关系，也不会好到哪里。

唯一拿得出手的，就是与弟弟提奥之间的"亲情"，然而这也是建立在提奥的宽厚仁心之上。我想，对一个正值壮年的哥哥，能在他完全不能养活自己的情况下持续资助十多年，应该是非常罕见的。

就是这么一个超级"失败者"，死后却赢得了整个艺术史上顶级的盛名，而他的作品，屡创拍卖价格的新高——他死后的成就与生前的挫败，形成了天差地别的对比，这对比反差就是"感动"的一个重要来源——确实并非基于作品，而是基于他人生经历的一种深度同情，是一种造化弄人的慨叹。而且他的"失败"，像极了大多数人普普通通无所成就的人生，所以我们对他的"失败"，特别能够感同身受。无法否认，在艺术领域，故事的作用有时候超乎想象，但是有故事的艺术家成千上万，只有故事，恐怕也不能让人们的感动更为长久。

第二个非技法的原因，我想应该是他的"真"。

梵高最知名的系列作品中，自画像是其中最"庞大"的一组，论知名度，可以与他的荷兰前辈伦勃朗的自画像媲美。

好的自画像的评价标准是什么？我认为，一是要有灵魂，二是要诚实！尽管梵高并不走学院派的肖像画法，但这两点他都做到了。

在阿尔勒与高更"同居"时期，他们常因为观点不同而产生争论、争吵，由此两人之间的矛盾越来越大，最后高更搬到了旅馆居住，而梵高"失心疯"地割掉了自己耳朵的一部分，并奇怪地送到了一个认识的

■《自画像》，1889 年 8—9 月

妓女那里。妓女被吓得赶紧报案，接下来，再也不想忍受他的阿尔勒居民联名要求把他赶走。在这样的背景下，他画了下面第一幅自画像——他叼着烟斗、右耳包着纱布，表情平静，但画面浓重的红绿色对比给人的感觉是激烈的，而这色彩真实呈现了他情绪中强烈的暗涌——此时他正承受着身体和精神上的双重伤痛。

第二幅自画像画于半年多之后，此时他已经被送入圣雷米的精神病院，画面色彩不再那么强烈，但这幅画中有很多非常"梵高"的旋涡形笔触，暗示了他眼中世界的样子。这种旋涡形笔触不只是背景，随着曲线的流动，也在他的身上延伸开来，这显示主角和背景融为了一体——这是对自己作为一名患者的一次诚实记录。

说到这里，我们要特别注意一下这种旋涡形的笔触，它几乎可以说是梵高的独家创造。在他被送到精神病院之后，这种笔触尤其多，非常具有感染力。在《星夜》中，他把旋涡的、连续的笔触发挥到了极致——把月亮画成了一个圆形的"洞"，感觉能把人吸进去。这种笔触特别像是一种物理学上的流体动态，流动会让人产生一种类似于眩晕、微醺、沉浸的感觉，让观者的心跟着笔触的流动荡来荡去。还有个特别之处就是，画中的多个物体虽然不同，但是这种旋涡形笔触是连续的，比如从树冠连续到了天空，形成了我们中国画常说的"笔断意不断"的感觉。2017年底，我在东京都美术馆的"梵高展：流转的日本之梦"里看到了一幅从荷兰库勒－穆勒美术馆借展的作品《橄榄园》，其特征就是用了延续整个画面中的旋涡形笔触。从技法上来说，这种"眩晕感"也是让人觉得感动的一个重要原因。

梵高笔触的另一个特点就是"厚涂法"留下的笔痕。在新古典主义时期，笔触还属于需要被"消灭"的东西——就是不能让你看出来这是画的。浪漫主义以后，笔触不再被刻意遮掩，印象主义则是放大了这种笔触，所以才有了"远看是幅画，近看鬼打架"这种戏谑的说法。到了

梵高这里，笔触成了一种非常好的表现工具，它们拥有了自身的语言，成为可以被独立欣赏的一种元素。这也是绘画走向表现主义、抽象主义的重要一步。

"厚涂法"技术来自法国南部马赛的印象派画家蒙蒂切利（Adolphe-Joseph-Thomas Monticelli）。梵高来到普罗旺斯的阿尔勒，也有他的原因，毕竟这是蒙蒂切利的"地盘"，梵高应该也想感受一下地理环境对创作的影响。蒙蒂切利的"厚涂法"是使用大量颜料，使得笔触在画面上重叠，形成一种凸起的肌理。梵高将其与旋涡形的、长短笔触结合，形成了一种立体且运动的效果，让我们感受到了画家在创作时的全情投入和感性表达，甚至能够想象出他快速运笔的样子，这也是我们会"感动"的另一个技法上的原因，也就是说，我们看到的不只是一幅画，而且是一个活生生的画家绘画的过程。

特殊的笔触让他的画看起来是"动"的，不只是简单的动感，更是一种动态。打个现代人都懂的比方——如果说别人的画是JPG，那么他的画就相当于GIF。这种奇妙的视觉效果会进一步增强观者的感受。

■《橄榄园》，1889 年

《有柏树的麦田》，1889 年 9 月

■《播种者》，1888 年 11 月

　　在这里我们提一下前几年比较有名的一部油画动画影片《至爱梵高·星空之谜》（*Loving Vincent*），作为梵高艺术爱好者，我能理解并尊重导演的情怀，也对这部前无古人的新形式由衷钦佩，但我觉得这部电影的实际效果并不好——梵高的笔触本来就是颤动的、流动的，平面的油画是"静中有动"，所以"油画版"看起来正好，也很动人。但做成"动画版"后，等于是动上加动，油画中轮廓线放到大银幕上又太粗了，绚丽的色彩作为一个多小时的电影来看又过于明亮，因此电影看起来在视觉上相当不适。

　　说到笔触，我其实也想到了咱们中国文人画的"笔墨"。中国文人画画讲究笔法和墨法，让笔墨成为独立的审美元素，这与西方艺术表现

■《吃土豆的人》，1885 年 4 月

主义的理念其实是一致的，当然，从艺术观的角度来看，我们的笔墨审美要早得多。在介绍莫兰迪时，我引用了徐渭的泼墨花鸟大写意。这种技法就能够感受到画家创作的酣畅淋漓，以及技术与造化相结合之后产生的奇妙视觉感受。

关于徐渭我再多说几句——梵高与徐渭实在太像了，绘画技法和艺术观接近，都有强烈的个人艺术风格，作品令人感动；他们的人生经历也非常相似——都脆弱敏感、放纵狷狂，都有极大的才华和超强的表现力，都"疯"过，且没钱过得很凄惨，都自杀过，都对自己的耳朵下过手（徐渭先后自杀过九次，其中一次曾经把铁钉扎进自己的耳朵里寻死）。有兴趣的朋友不妨也去了解一下徐渭的艺术。

回到梵高的画作，他的这种旋涡形笔触，除了表达天空、麦浪这种大面积的物体，在纵向上，他还用这种笔触画丝柏树（很多画中都有，《星夜》中也有一棵），画出来的丝柏树看起来很像绿色的火焰。

说到这里，引出他作品感动人的另一个特征——烈。

他把很多东西都画成了火焰的样子，因为他这个人本身就像是一团熊熊燃烧的烈火——他的性格是刚烈的，他的情感是强烈的，他的色彩是浓烈的，他的表达是热烈的。

梵高的"情商"很低，脾气火暴，经常与人争执，不分远近亲疏，只要观点相左，争论中决不妥协。最知名的例子就是跟高更产生的摩擦，实际上不为人知的争执很多很多。在巴黎学画与提奥"同居"一处时，他总是与前来拜访的朋友发生争执，再加上他因为沉浸于作画，生活邋遢，他们的住处基本上不再有朋友前来做客。当然，这种个性也越发强化了他的孤独，他没有办法拥有友情。从与人交往的角度来看，这当然不是什么好事，但对于艺术创作来说，这种性格更容易坚持"做自己"。

生活中，不乏左右逢源、"圆滑世故"的老好人，这种性格的人特别好相处，因为他老是替别人着想，所以你也很难看到真正的"他"，甚至可能他本人也不知道自己的想法。这当然不是什么缺点，但他一定不适合从事艺术工作，艺术工作需要创造力，艺术家一定要有一个强大的"我"。因此，"自我"这个个性对艺术家来说，"优点"的成分大于"缺点"。

我们刚才提到梵高会把很多事物都画成火焰的样子，可能是刻意为之，也可能是旋涡形笔触自然形成的效果，但总的来说，都是他热烈性情的一种外化，是他在作品中燃烧的激情。

几乎可以确定，梵高很不适合做朋友。如果以粉丝视角去看，觉得他这么苦，但作品又这么感人，所以应该被宽容、被谅解、被关爱，他的爱情也应该得到积极的回应……这些"想当然"其实都是叶公好龙。

■《向日葵》，1889 年，梵高博物馆收藏版

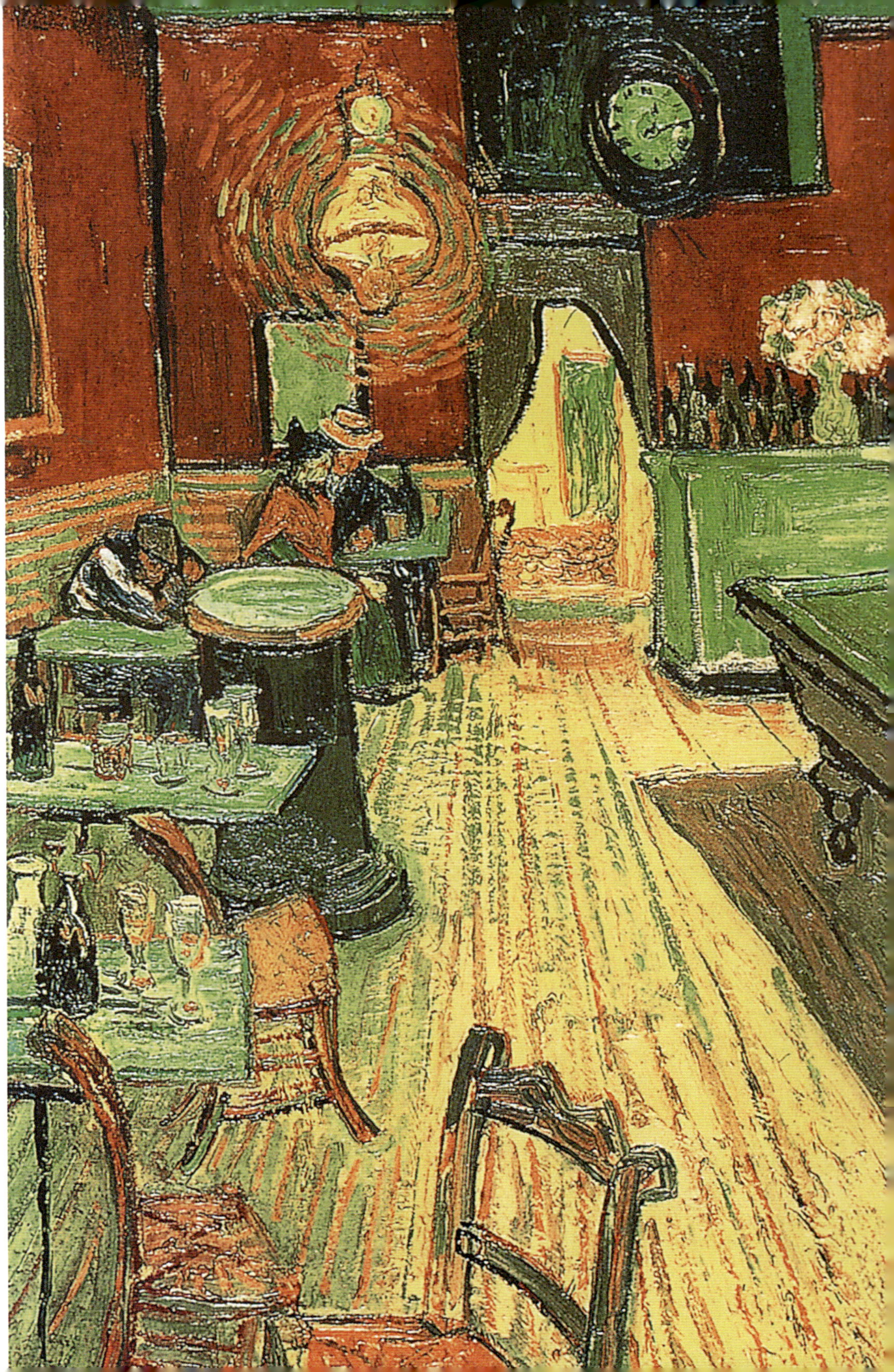

《夜间咖啡馆》，1888 年 9 月

■《麦田群鸦》，1890 年

如果粉丝们可以穿越时光、回到过去，跟他本人相处估计会是分分钟脱粉的结局。他太"热"了，一般人根本无法承受他的能量。高更能跟他一起生活几个月，其实已经是很大的奇迹了。

火焰就是这样，既能给我们光明、温暖，同时它也是危险的，真要靠近的话，则会被灼烧、被伤害。同样的道理，梵高之于我们欣赏者，只具有远距离审美的意义。

他热爱最强烈的东西——太阳，也爱画花中的太阳——向日葵（即sunflower. 太阳花），这里面应该有某种宗教情结，但也显示了他的艺术观。

他在专职从事绘画之前，曾是个狂热的宗教信徒，并用三年的时间投身宗教事业，但他没有考上神学院，也未能取得牧师的任职资格，在传教时又因为"夸张"的虔诚，最终被踢出了这个行业。然而，他内心对宗教的情怀一直都在，甚至绘画之于他相当于另一种形式的布道。

BBC《艺术的力量》主持人西蒙·沙马说："梵高希望现代艺术成

为福音书，成为光的使者，通过喜悦的证明来安慰和拯救他人。它的使命将堪比救世主，直观上它将与悲惨的人——穷人和文盲，工业社会的行尸走肉相联系。"

梵高的"强烈"还有色彩的强烈。

早期在荷兰学画的梵高，最崇拜的是伦勃朗，因此用色也主要是暗色。他前期最著名的画作《吃土豆的人》，我们看到了一张黑乎乎的画面，他对此解释说，他觉得这幅画的颜色就应该跟那些农民耕种土地的颜色一样。从而，我们可以看出梵高创作作品时，在用色方面的趋势——极致。

后来到巴黎学画，接触了印象派，他的画布开始变得明亮、鲜艳，后期到了阿尔勒、圣雷米，在阳光刺激下，他更是把未经调制的原色直接挤在画布上。对于他如此创作的原因，他解释说他非常庆幸自己从没系统地学过画，如果学了，可能会极力避免这种效果。

他特别喜欢明度最高的黄色，在一些风景画，比如《播种者》中，他把天空和太阳都画成了黄色，而区别只是"黄"的深浅不同，这种从感受出发的主观用色，在当时还是非常大胆的。他的代表作《向日葵》，更是一首"黄色交响曲"，有的专家对本画进行深入研究后，认为这幅画中有38种不同程度的黄色——因此这几乎可以说是一幅单色画。

除了向日葵，他也热爱一切怒放的花朵——鸢尾花、杏花、桃花、玫瑰、夹竹桃、雏菊、罂粟花……除了花朵中呈现的生命力之外，花的艳丽色彩也是梵高热衷于画它们的原因。

他还特别重视对比色、互补色的使用。在名作《夜间咖啡馆》中，除了大面积的黄色，他还使用了红与绿的互补色，而在《星夜》中，则使用了橙与蓝、黄与紫的互补色。在颜色理论中，互补色的使用会提高两种颜色的视觉饱和度，从而达到最强烈的色彩效果。

色彩在视觉艺术中具有非常重要的作用，颜料的强化与搭配形成了一种鲜明、灿烂、华丽、生动的气氛，必定会对人的情绪产生某种刺激，

■《杏花》，1890 年

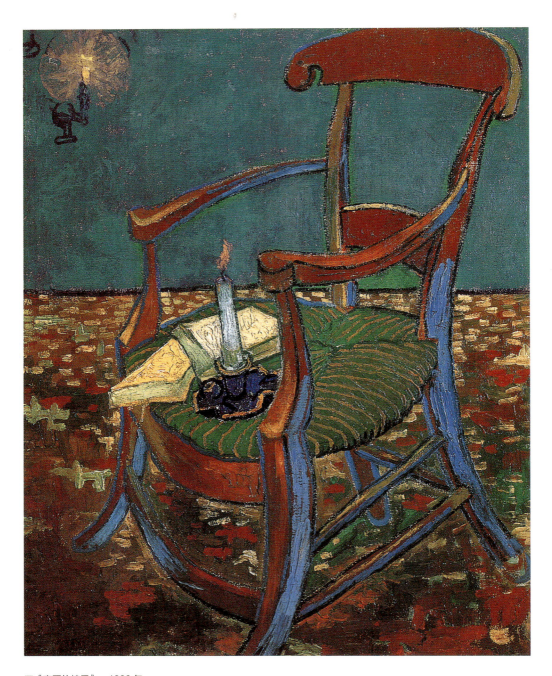

■《高更的椅子》，1888 年

由此而促发内心的感动。梵高在色彩上的探索，激发了后来以色彩作为主要绘画语言的"野兽派"的诞生。

梵高创作时总是直接对着景物画，不打草稿，不凭借记忆，这种画法类似于莫奈，但又有些不同。莫奈创作时主要是关注光线，以及不同光线之下的色彩变化，所以会把同一个景物画上一个系列，他画的干草垛系列、鲁昂大教堂系列就是如此，集中在一起看挺有意思，但是单幅看就不太明白。不管怎么看，主要也只是给人美感，并不会让人激动。而梵高的对物作画，最主要的是记录下景物给他的感受，观察并思考被画对象的本质，所以那个感受是即时的、当下的，情绪也是最原始、最直接、最强烈的，思考则更为鲜活、生动、深刻。梵高曾说，当他成功创作一幅画时，感觉犹如性高潮一般。这也正是他对绘画的理解：一种情绪能量在画布上的释放。

梵高生前唯一一篇专门写他的艺术评论是《踽踽独行：文森特·梵高》，评论家阿尔贝·奥里埃这样说："他作品的特性在于过度——力量的过度，敏锐和兴奋的过度，表达的猛烈。"即使是在当时，这个评论也是很准确、很中肯的，我觉得梵高的强烈之所以能被现代人接受，很大程度上源于他是一位逝去的艺术家，他的强烈已经成为历史而不是当下。如果一个健在的艺术家这么强烈，要想被大众接受其实也很难。因为，我们可能更愿意接受一个已故艺术家的"放肆"。

强烈的表达有个最大的好处，就是情绪更直接、更容易"送达"，降低了观看者"感受"的门槛，不需要细细体味。这也是梵高能够成为大众 IP 的原因。必须承认，那些讲究含蓄的艺术风格，对于观者的感受力的要求是很高的。

梵高的"癫狂"，一方面是因为天性，另一方面也是因为疾病。

不管内心里有多不情愿，你也必须承认，梵高是个病人。心理上，他极度自信又极度自卑，情绪基本上像是坐过山车，在高涨和低谷间反复循环。印象派里的老大哥毕沙罗曾说："梵高要么发疯，要么会把印象派远远甩在身后。"最终的结果是，两个预言一起应验了。

他敏感且自尊心强，总是向弟弟伸手要钱，但又很怕让弟弟为难。他在绘画上长期的不成功使得他成了弟弟不折不扣的累赘，而这种"不成功"也压垮了他自身，不仅在经济上，更是在他看不到任何希望的绘画上。即便如此，他狂放的性格也经常伤害提奥。他离开巴黎确实有创作方面的原因——劳特累克劝他去法国感受南部的阳光，这也在某种程度上避免了与提奥关系的彻底崩塌。

离开巴黎对他来说终究是好事，远离了艺术家朋友圈，不再需要与人争论到底该怎么画，他可以完全按照自己的想法发挥了，小小的阿尔勒就是他的"广阔天地"。而且，痴迷于日本艺术的梵高，觉得阿尔勒特别像他想象中的日本。

他是话痨，表达欲极强，但又没人愿意听他说，所以一部分"话"变成了"画"，这也是他创作速度快、产量高的原因；另外一部分"话"变成了"信"——幸运的是，他亲爱的弟弟提奥愿意倾听。他留下来的信件共821封，其中有668封是写给提奥的，专家认为他的文笔相当好，表达流畅清晰。很多信中会有作品草图，以及自己创作时的所思所想，相当于给自己的画写了"讲解词"，这也是其他画家所没有的。因此，这些信件是解读画作的重要组成部分，也是梵高的一部书信体自传。写信也避免与他人交往中经常出现的冲突，写信几乎是他与真实世界"保持"联系的最有效且唯一的桥梁。

糟糕的人际关系体现在方方面面。其实，高更应该算不上他的好朋友，他俩之间的关系更像是一段"孽缘"，我猜高更也许更想把在阿尔勒这段经历从人生中删除掉——这实在是令人恐怖的回忆。要说朋友，跟梵高关系比较好的是西涅克，他还跟他学习了"点彩派"技法。梵高在柯尔蒙画室的"同学"劳特累克也不错，有人在画展上批评梵高时，劳特累克还曾提出要与批评者"决斗"。当然，如果西涅克或劳特累克与他生活在一起，结局也未必能比高更好多少。

他一生诸多事情失败，唯独亲情，他不算失败，弟弟提奥一直支持他的创作。而且应当说，作为画商的提奥也是很有眼光的，他之所以支持哥哥创作，很大程度也是认可他的艺术，深深感受到了他艺术的价值。

弟媳乔生了儿子，名字也叫"文森特·威廉·梵高"，梵高很高兴，为小侄子专门画了一幅《杏花》，这幅画底色平整，笔触干净，一改他同时期作品的狂放气质，呈现了他前所未有的温柔。他去世半年多之后弟弟也随他而去，刚结婚没多久的弟媳能够非常聪明且有耐心地宣传和推广他，对于他想表达的那些情感来说，又是何其幸运！

梵高并不是在死之后很快就红了，恰恰相反。据资料记载，他死后第一次卖出作品是在 1900 年，那时已是他死后的第十年，一幅静物画以相当于现在三百美元的价格被卖出，还远远不及活着时卖掉的那幅《红色葡萄园》。又过了十年，他的画才以万元为单位出售，再后来才节节攀升。到现在，就成了多个拍卖纪录的创造者和保持者。

电影《Hello！树先生》中有一句著名台词——"人格不稳定"，用来形容梵高再贴切不过。不过，他可远不只"人格不稳定"。他有癫痫病，也有抑郁和躁狂症，这些最终让他走向了精神错乱，割耳事件后，他被送到圣雷米的精神病院进行治疗。精神方面的问题，似乎有家族基因方面的缘故。梵高死后，提奥很快也随之精神崩溃，并在半年后死去，虽说提奥当时患有梅毒，但精神方面的问题也是重要的原因。

治疗耳伤期间，他画下了《梵高的椅子》和《高更的椅子》，隐晦地表达了他的悔意（但其实也改不了），彰显了他无法拥有亲密友情的孤独。

精神疾病让他在绘画风格上更为狂放，旋涡形的笔触越来越多，也越来越成熟；用色方面也更加极端、大胆。据说，梵高曾在发病时，吃

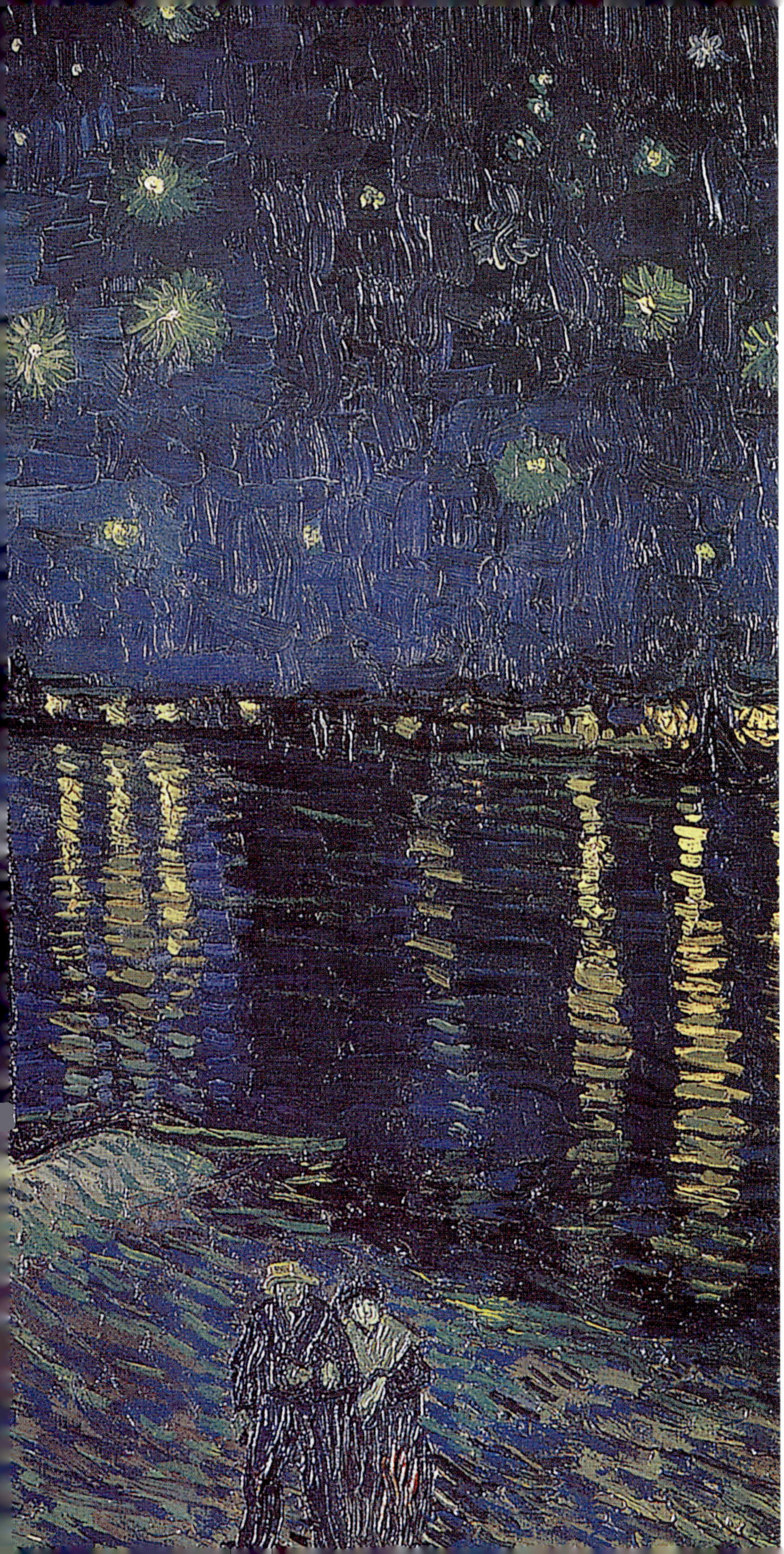

《罗纳河上的星夜》，1888年

过颜料。他经常使用的一种黄色颜料叫"铬黄"——化学名是"铬酸铅"，这种颜料中有重金属元素"铅"，毫无疑问会导致他慢性中毒，损伤神经。也正因此，使他原本就状况百出的精神疾病雪上加霜。

跟劳特累克一样，梵高也痴迷于苦艾酒，以酒来麻痹和缓解精神上的痛苦，但同时苦艾酒的致幻作用又从根本上加重了病情。

我一直认为，正是这个"精神错乱"，让他看到了我们所谓"健康人"看不到的，感受到了我们感受不到的，同时他也表达出了我们表达不出来的。如果没有癫狂，有可能就没有汪洋恣肆的想法，就没有挥挥洒洒的执行。如同屈原和李白的诗句、徐渭和朱耷的写意，我们不得不承认，精神世界某种程度的"脱轨"，对于有天赋的艺术家来说，有可能就是一种助力。

还是以《星夜》为例——当我们想象梵高被关在圣雷米精神病院的病室中，在安静的深夜里，透过小小的窗户看到了炫动的星空时，我们很难不被这样的"场景"所打动。极有可能，"错乱"的精神也许恰好强化了他某一方面的感受力，让他看到了我们潜意识才能感知到的画面，比如流动的夜空。作为一个发现者，他把那个潜在的画面画了出来，也唤醒了我们被理智压制的感受力，这必然会激起我们内心的波澜。因此，我们的感动也有一部分来自潜意识中与梵高存在的那个交集。

梵高特别爱画星星，他认为星星是人死后的去处。他给提奥的信里说："仰望星空常常使我陷入梦境，为什么那些在天空中闪烁的亮点不能像法国地图上的黑色标记一样容易让人接近呢？就像我们能乘火车去塔拉斯孔或者鲁昂，我们可以搭着死亡的列车奔向星星。"

而星星，常常被用来象征孤独，比如自闭症患儿就被叫作"来自星星的孩子"。

烈烈火焰、灼灼孤星。在浩瀚的夜空中，哪一颗是你呢？梵高先生。

我们被梵高感动，有艺术上的原因——笔触、色彩、主题；也有非艺术的原因，悲催的人生际遇、饱受折磨的身体和灵魂、燃尽生命发出的灿烂光芒……

但是，我们的感动也有相当大的部分是"借他人酒杯，浇自己块垒"，这句话不只适用被梵高感动，也适用被塞尚感动、被霍珀感动、被倪瓒感动、被怀斯感动……我们在艺术中找到了语言无力描述的共鸣，触到了被自己忽视或者被生活麻木的神经末梢，窥到了自己无法看见的内心世界……所以我们既是被艺术感动，也是被重新发现的自己所感动。

这些感动过我们的艺术家，就是夜空中的一颗颗孤独的星星，他们各自发光，但组成了动人的银河。这其中，我们自己可能也是其中的一颗，只不过不太明亮，无法闪出光芒。但我们可以用深情的凝视，来回应那满天的星光。

图书在版编目（CIP）数据

寂寞大师 / 吴涛著. –– 北京：北京联合出版公司，
2021.1
ISBN 978-7-5596-4825-9

Ⅰ.①寂… Ⅱ.①吴… Ⅲ.①艺术家 – 生平事迹 – 世
界 – 通俗读物 Ⅳ.①K815.7-49

中国版本图书馆CIP数据核字(2020)第244269号

寂寞大师

作　　者：吴　涛
出 品 人：赵红仕
责任编辑：徐　樟
策划编辑：赵明明
产品经理：何丽娜
封面设计：@吾然设计工作室

北京联合出版公司出版
（北京市西城区德外大街 83 号楼 9 层　　100088）
北京时代华语国际传媒股份有限公司发行
北京盛通印刷股份有限公司印刷　新华书店经销
字数200千字　710毫米 × 960毫米　1/16　25印张
2021年1月第1版　2021年1月第1次印刷
ISBN 978-7-5596-4825-9
定价：138.00元